Mein Leben als Leckerli-Automat

Copyright © 2017 by Gabriele Bärtels

Gabriele Bärtels schrieb für überregionale Zeitungen und Zeitschriften und heimste einige Literatur- und Journalistenpreise ein. Sie fotografiert viel in der freien Natur. Ziemlich oft läuft ihr dabei der Hund vor die Linse.

Gabriele Bärtels

Mein Leben als Leckerli-Automat

Was mein Hund aus mir machte

Weltbild

Copyright Deutsche Erstausgabe © 2017 by Weltbild GmbH & Co. KG,
Werner-von-Siemens-Str. 1, 86159 Augsburg
Dieses Werk wurde vermittelt durch die
Michael Meller Literary Agency GmbH, München.
Covergestaltung: atelier seidel/Teisung
Covermotiv: istockphoto
Satz: Datagroup int. SRL, Timisoara
Druck und Bindung: CPI Moravia Books s.r.o., Pohorelice
Printed in the EU
978-3-8289-3933-2

2018   2017
Die letzte Jahreszahl gibt die aktuelle Lizenzausgabe an.

Einkaufen im Internet:
www.weltbild.de

Leckerliautomat und Rudelführer
Mein verrückter Alltag als Hundehalter

Hundebücher gibt es viele, doch wie ticken eigentlich Herrchen und Frauchen?

Endlich wirft einmal eine Autorin einen tiefen Blick in die Seele des typischen Hundebesitzers. Mal witzig, mal nachdenklich, mal spitz sind ihre Geschichten über Alltag, Wesen und Probleme der meisten Menschen, die einen Vierbeiner hinter sich herziehen.

Die Themen reichen vom Schlechtwettergassi über die No-Go-Area namens Küche bis zum Hund als Mensch und »Heiliges Tier«.

Die Lektüre empfiehlt sich auch für Leser, die noch Hundehalter werden wollen, denn das hier ist die Vorbereitung auf das wahre Leben.

von Gabriele Bärtels

INHALT

TEIL 1 –
DER GEMEINE HUNDEHALTER 9
Zieht ein Welpe ein, so explodiert der Alltag . . . 11
Der Hund und seine Sachen. 15
Hundebesitzer brechen das Ansprech-Tabu 19
Was gibt's denn heute zu fressen? 23
Der Leckerli-Automat 27
Der Hundeerzieher. 31
Schlechtwettergassi. 35
Rüdengassi 39
Der Erzfeind 43
Streicheln. 47
Spielen. 51
Der Hund als Mensch 55
Man kann nicht alles haben 59
Dreck und Haare 63
Die No-Go-Area namens Küche. 67
Autofahren. 71
Hintenrum. 75
Wir müssen zum Tierarzt 79
Der Hundehalter ist krank 83
Hinterlassenschaften. 88
Hundehasser 92
Die staatlichen Quälgeister. 96

Es wird schon nichts passieren 100
Der Rudelführer. 104
Zwei Halter und ein Hund I 108
Zwei Halter und ein Hund II. 112
Gefahrengerüchte. 116
Der falsche Hund. 120
Die Zukunft ist schon da 124

TEIL 2 –
WEITERE HUNDEHALTER-TYPEN 129
Hundehalter Typ 2 – Der Selbstoptimierer. 131
Hundehalter Typ 3 – Der Ängstliche 135
Hundehalter Typ 4 – Der Brutale. 139
Hundehalter Typ 5 – Das Mutti 143
Hundehalter Typ 6 – Der Retter. 147
Hundehalter Typ 7 – Der Esoteriker. 151

ZULETZT. 155
Liebeserklärung 157

TEIL 1 –
DER GEMEINE HUNDEHALTER

Zieht ein Welpe ein, so explodiert der Alltag

Bevor wir unseren jungen Hund abholten, hatte ich das Internet durchforstet: Auffallend viele Welpen wurden dort angeboten, deren Besitzer sie wieder loswerden wollten, oft wegen einer »plötzlichen allergischen Reaktion«.

Diese Ausrede soll nur verschleiern, dass sich diese Leute nie mit Welpenerziehung befasst haben, empörte ich mich. Ich hingegen fühlte mich gut gerüstet, hatte Welpenbücher studiert und verpasste keine Folge des »Hundeprofi«.

Dann brachten wir unsere acht Wochen alte Hündin heim, zeigten ihr den Hundefutternapf, ihr Spielzeug, ihr Bett. Sie quirlte durch den Garten, verirrte sich im Bademantel meines Liebsten, pinkelte auf den Fußabtreter, wackelte statt mit dem Schwanz mit ihrem ganzen, rundlichen Körperchen, und wir riefen: »Wie niedlich!«

So begann der neue Alltag. War mein Liebster aus dem Haus, so übte ich mit Emma »Sitz«, entfernte Hundekacke aus der Küche, pappte Elektrokabel mit Klebeband hoch an die Wände, rief »Nein, Emma!« und »Fein, Emma!«, rettete das Tier aus der Einkaufstasche, sprang dreifache Rittberger, um nicht auf sie draufzutreten. Die Kaffees, die ich mir kochte, wurden ungetrunken kalt, während ich meine fünfzehn Jahre alte Brille beerdigte, die Emma geschrottet hatte. Und dann wieder raus, damit sie nicht ins Haus pinkelte, und wieder loben und toben und Grundgehorsam üben.

Wie dankbar war ich, wenn sie sich um sich selbst kringelte und ihren Jetzt-schlaf-ich-Schnaufer ausstieß. Auf Zehenspitzen schlich ich herum, um zu bügeln und nach der Post zu sehen – nur der Staubsauger blieb im Schrank und auch der Besen, weil Emma sonst mit einem Satz aus dem Tiefschlaf in den Kampf gegen das Ungeheuer gezogen wäre. Doch so leise konnte ich gar nicht sein, dass sie nicht bald wieder den Kopf hob, in den Augen ein lebenshungriges Funkeln. Und ich spürte meinen angespannten Nacken und heraufziehende Kopfschmerzen, weil ich ständig so unnatürlich herumhuschte.

Mails blieben unbeantwortet. Geranien verdorrten in ihren Kästen. Ich jagte nur unserem Welpen hinterher, der bestens gelaunt die Klopapierrolle bis zum Gartenzaun ausrollte. Vom dauernden Bücken nach dem durchgedrehten Fellbündel hatte ich Kreuzschmerzen.

Wenn mein Liebster heimkehrte, fand er alles nicht so schlimm, aber er sah ja nur das erschöpfte Knuddeltier, das sich auf meinen Schoß gedrängelt hatte. »Ehrlich, ich weiß nicht mehr, wer ich bin«, sagte ich am fünfzehnten Abend, die Haare fettig, das T-Shirt fleckig, die Socken hundespuckefeucht.

Und dann brach es aus mir heraus, das Tabu, das man

nicht denken und nicht sagen darf: »Ich kann nicht mehr. Ich überlege, ob wir Emma zurückgeben. Ich glaub, ich hab mich gründlich überschätzt.« »Wir schlafen noch mal drüber«, schlug mein Liebster vor.

Am nächsten Morgen machte Emma auf Anhieb »Sitz« und »Platz«. Sie ließ sogar den nassen Küchenlappen fallen, als ich »Nein!« rief. Und sie bohrte ihren Kopf in meine Kniekehle, da zerfloss ich vor Rührung über unser Viech, das mich lieben musste, ob es wollte oder nicht, denn ich war der einzige Rudelführer, den es hatte. »Okay, Ratte«, sagte ich. »Wir versuchen es noch mal.«

Und so stotterten wir weiter von Tag zu Tag. Meine Friseurin rief an und fragte, ob ich verstorben sei. Statt durch die Stadt zu bummeln, streifte ich in Gummistiefeln über Felder, und nicht nur Emma schleppte Zecken ins Haus. Immerhin ging die Ratte jetzt schon ein paar Meter bei Fuß.

Inzwischen kenne ich erstaunlich viele Leute, genauso schmuddelig gekleidet wie ich, mit Leinen über den Schultern und Leckerlis in der Tasche. Und während wir unseren Hunden beim Balgen zuschauen (was ohne eigenes Zutun total glücklich macht!) begann ich eine Umfrage.

Und hier ist das Ergebnis: Fast alle haben mehr als einmal erwogen, ihren Welpen zurückzugeben, fast alle waren am Ende ihrer Kraft und kämpften mit Schuldgefühlen. Fast alle haben Bücher gelesen, Hundeschulen besucht und Züchter befragt, aber nirgends haben sie die blanke Wahrheit erfahren: Dass man nämlich die ersten Monate mit einem Welpen nur dramatisch unterschätzen kann.

Kein Wunder, dass die Tiere dann in zahllosen Kleinanzeigen weiterverkauft werden.

Zu gern würde ich all die selbstgerechten Tierschützer, welche traumatisierte Mischlinge aus Spanien als problemlose Welpen vermitteln, all die arroganten Züchter edler Tiere, die behaupten, dass sie ihre Hunde nur in ausgewählte Händen geben, und all die Ratgeberschreiber mit den ausgefeilten Erziehungsplänen mal fragen, wieso sie Welpen nicht schützen, BEVOR sie an einen Halter gehen, denn sie wissen doch am Allerbesten, was auf die Ahnungslosen zukommt. Ihre Erfahrungen können sie dabei gar nicht abschreckend genug ausmalen.

Mancher Wackelkandidat würde sich ob solcher Warnung die Anschaffung sicher besser überlegen. Aber er wäre dann halt kein Kunde und kein Leser mehr und die Tierfutter-Industrie würde nichts an ihm verdienen.

Emma und wir haben uns inzwischen berappelt. Aus dem ungelenken Welpen ist ein halbwegs ordentlich erzogener Hund geworden. Ich rieche wieder frisch und meine Haare sind gewaschen, aber dreckige Hosen werde ich tragen bis an Emmas Lebensende.

Der Hund und seine Sachen

Haben Sie je Tiere in freier Wildbahn gesehen, die einen Koffer hinter sich herzogen? Man wundert sich, dass alles, was draußen kreucht und fleucht, ohne ein einziges Accessoire die schärfsten Jahreszeiten überlebt.

Ganz anders der Hund – denkt sein Besitzer – und müllt seine Speisekammer mit angebrochenen Leckerlitüten aller erdenklichen Sorten voll, stolpert im Wohnzimmer über Quietschetierchen jeglicher Größe und Form. Der Hund besitzt ein Wohnzimmerbettchen, ein Schlafzimmerbettchen, ein Reisebettchen und ein Bettchen für einen Schattenplatz auf der Terrasse. Und das ist noch längst nicht alles.

Dabei hatte es so harmlos angefangen: mit Halsband, Leine, Futter- und Wassernapf, Bettchen, zwei Spielzeugen. So könnte es ein Hundeleben lang bleiben.

Doch an dieser Stelle prallten zwei Interessen aufeinander und vereinen sich auf's Schönste: Die Heimtierbedarfs-Industrie will Umsatz und der Hundebesitzer diesen roten Gummiball mit den gebleckten Zähnen. Nicht wirklich nötig, aber hübsch, wie so vieles in seinem Haushalt, was er nicht vermissen würde, hätte er es nicht gekauft.

Solange es kleine Beträge sind, möglichst im einstelligen Euro-Bereich, schnappt er deswegen im Tierfutterladen rechts einen Gummi-Hamburger, links einen Neonbeißring, und da sind ja auch Schweineohren, Rinderkopfhaut, getrocknete Fischchen und Elchfleischhäppchen.

Und weil der Hund mit dem Schwanz wedelt und sich offensichtlich freut, wird alles – na gut! – zusammen mit dem Hundefutter auf dem Kassenlaufband platziert.

Der Hund fixiert währenddessen die Kassiererin. Sein Besitzer lächelt stolz: »Er weiß doch längst, dass es hier Leckerli gibt!«

Die Kassiererin turtelt mit dem Hund, greift in ein Glas unter dem Tresen, und alle in der Schlange freuen sich, dass er Männchen macht und nach der Belohnung schnappt. Man ist in heiterer Stimmung, und das hebt auch die Kauflaune. Der Hundebesitzer verdrängt, dass die geschenkte Kleinigkeit einen Bruchteil von dem kostet, was die Kassiererin gerade von seiner EC-Karte abgebucht hat.

Doch die Kassiererin bezahlt die Leckerli nicht aus eigener Tasche, sondern kriegt sie vom Arbeitgeber gestellt, der sich dabei durchaus etwas denkt. Zusätzlich platziert dieser gleich hinter der Ladentür einen Fressnapf, aus dem sich alle Hunde frei bedienen dürfen. Deswegen zerren sie beim nächsten Besuch schon draußen an der Leine, weil sie unbedingt rein wollen in dieses Geschäft. Außer dem Futter suchen sie dort eigentlich nichts.

Der Hundebesitzer lässt sich willig mitziehen. Wieder findet er vieles, was sein Viech seiner Meinung nach brauchen kann: Tierhaarbürste, Kacktütenbehälter, Lutschflüssigkeit mit Leberwurstgeschmack, Regenmäntelchen, Knabberdrops mit Omega 3, Wurfgeschosse aus Plastik, LED-Halsbänder für die Dunkelheit, getreidefreies Dosenfutter, für Welpen, Jagdhunde, und »Senioren«. Eine ganze Wand hängt voller gelber Leinen, grüner Leinen, strassbesetzter und totenkopfverzierter Leinen, jeweils mit passendem Geschirr, und im Internet gibt es noch abertausend Alternativen. Als Design am weitesten verbreitet sind stilisierte Pfotenabdrücke und Knochen.

»Na, willste das haben?« fragt der Hundebesitzer sein Tier und wackelt mit einem überdimensionalen Plüschhuhn vor ihm herum. Klar, dass der Hund aufgeregt danach schnüffelt, auch wenn er den grellbunt dargestellten Vogel gar nicht als solchen erkennt.

Die Beute wird nach Hause getragen und ausgepackt, der Hundebesitzer gibt hocherfreute Laute von sich, die den Hund wieder neugierig machen. Den Gummiball mit den gebleckten Zähnen schubst er unter das Sofa, wo er erst beim nächsten Frühjahrsputz neben drei weiteren Bällen staubverklebt wieder auftaucht. Die anderen Sachen quieken nach einem Tag nicht mehr, werden zerbissen oder vom Besitzer in irgendwelche Ecken gestopft.

In jedem Zimmer gibt es ein Fach für den Hund:

Im Schlafzimmer Reise- und Ersatzbettchen, Heizdecke, Hundehandtücher.

Im Badezimmer: Zeckenmittel, Krallenzange, Augensalbe, Wurmtabletten, Desinfektionsmittel, Shampoo.

In der Küche: Bürste, Hundefutter, Kackbeutel, Intelligenzspielzeug aus unbehandeltem Holz, drei unausgepackte Bälle aus einem Supermarktangebot, Vitaminergänzungskekse.

Im Flur: Winter- und Regenmäntelchen, Leinen, Halsbänder, Hornpfeife, Dummy-Beutel, die Kiste mit den Spielzeugen.

Ach ja, und beim Schreibtisch noch der Ordner mit Versicherung, Hundesteuer und Impfpass, und die Abstellkammer hatten wir ja schon.

Der Hundebesitzer findet, dass das meiste notwendige Anschaffungen sind. Mit Leuten, die ihren Hunden Schleifchen ins Haar binden, will er aber nichts zu tun haben: »Diese Vermenschlichung!«

Dann pfeift er seinen Vierbeiner heran und geht mit ihm Gassi.

Und der Hund, dessen Habe inzwischen mehrere Umzugskartons füllt, tollt von der Leine befreit, nur mit seinem Fell bekleidet auf einer Wiese herum und denkt immer noch, er brauche nichts außer Futter.

Hundebesitzer brechen das Ansprech-Tabu

Wer sich zum ersten Mal einen Hund anschafft, freut sich auf alles Mögliche, aber wie rasant sich sein Bekanntenkreis erweitern wird, kann er sich nicht vorstellen. Erstaunlicher noch: Er wird von nun an in der Lage sein, hemmungslos wildfremde Menschen anzuplaudern.

Das ist in einer Großstadt ja tabu, wie man in x-beliebigen U-Bahn-Wagen besichtigen kann: Jeder Fahrgast ist bemüht, die Augen niederzuschlagen, eng an ihn gepresste Mitfahrer sind für ihn Luft. Unterirdisch, überirdisch und rund um die Uhr bewegen sich Menschenmengen durch die Stadt, doch jedes Millionstel davon trägt einen inneren Elektrozaun mit sich herum und sitzt darin ganz allein.

Man liest ja auch so viele Suchanzeigen: *Sah Dich im Bus XY, Du trugst eine gelbe Bluse*. Die Traumfrau war in greifbarer Nähe, doch diesen Schicksalsmoment hatte der Inserent verpasst, denn das Ansprech-Tabu riss zwischen ihm und der angebeteten Fremden einen abgrundtiefen Spalt in die Welt. Das kann man auch in Wartezonen von Ärzten und Ämtern beobachten, wo die Menschen in Reihen vor sich hindösen und zusammenzucken, wenn einer hustet.

Und doch ist der Abgrund bloß ein Schrittchen breit

und würde sich spurlos schließen, streifte nur einer seine Hemmung ab und sagte meinetwegen: »Ist das aber stickig hier!« Eine Welle der Erleichterung würde durch die Bänke rollen, man änderte seine Sitzposition und antwortete: »Ja, finde ich auch!«. Die grimmigen Mienen verlören ihre Festigkeit, eine Eröterung käme in Gang, ob man das Fenster öffnen solle. Das Warten wäre auf einmal weniger quälend.

Aber praktisch geschieht sowas beinahe nie.

Ganz anders bei Hundebesitzern: Die ersten Gassi-gehrunden mit einem Welpen sind ja noch kurz. Doch Sie werden den Nachbarn von oben im Hausflur treffen, der gewöhnlich grußlos an Ihnen vorübergeht. Jetzt wird er augenblicklich in die Knie sinken, um mit entzücktem Lächeln das Hundeviech zu betatschen, das sich erfreut um Nachbars Füße wickelt. Und mit dem ersten »Wie alt isser denn?« bis zum »Schönen Tag noch!« bricht das uralte Eis und wird nie wieder zusammenfrieren, denn mit wem man einmal Worte gewechselt hat, der ist vom Ansprech-Tabu für alle Zeiten ausgenommen.

Binnen weniger Wochen legt der frischgebackene Hundebesitzer seine zukünftigen Spazierrouten fest. Auf ihnen wird er über kurz oder lang immer dieselben Leute treffen, die er bald schon aus weiter Ferne an ihrem Schritt und den Umrissen ihres vierbeinigen Begleiters erkennt. Und weil die Leute stehen bleiben, wenn sie ihm begegnen, hält er auch an, und mit den

Augen auf die einander beschnüffelnden Tiere beginnt mühelos ein kleines, unbedeutendes Gespräch über Zecken oder Leckerli. Noch kennt man gegenseitig nur die Hundenamen. Bei einigen wird das auch so bleiben.

Doch nach drei Monaten hat sich der Bekanntenkreis des Hundebesitzer locker um dreißig Leute erweitert, wenn nicht mehr. Einige grüßt man, mit anderen geht man ein Weilchen mit, weil die Tiere so schön spielen, alle warnt man vor dem Ordnungsamt, das im Park herumschleichen soll. Noch wieder andere lädt man sogar zum Kaffee ein.

Nach einem halben Jahr ist man Teil einer losen Gruppe, die sich jeden Morgen zum Gassigehen trifft. Beim Laufen erörtert sie Weltgeschehen oder Hundedurchfall. Und weil man für all das praktisch nichts machen muss, als ein Tier mitzuführen, gelingt das noch dem Schüchternsten. Der einzigen Tipp, den man ihm geben kann, ist, sich gelegentlich über die Hunde der anderen lobend zu äußern. Da genügt aber ein genuschelter Satz.

Weil sich manche Vierbeiner besonders gut verstehen, läuft man sogar mit Leuten, die einem weniger sympathisch sind oder welchen aus fremden Millieus, in denen man sonst nicht verkehrt. Hierbei erwirbt man neue soziale Kompetenzen. Dosenfutter oder Frischfleisch als gemeinsames Thema geht immer und nebenbei baut man Vorurteile gegen Staubsaugervertreter, Sozialpädagogen und Rechtsanwälte ab. Denn jeder, der auch einen Hund hat, ist immer irgendwie ein Einheimischer des eigenen Lebens. Und das sind ganz schön viele.

Bald verfügt der Hundebesitzer über ein eindrucksvolles Netzwerk, das sich beinahe von selbst knüpft und noch die entferntesten Stadtteile erreicht. Denn bis auf einen winzigen Bruchteil von Ignoranten grüßen Hundebesitzer einander, und sei es nur mit einem unmerklichen Kopfnicken. Weil man aus diesem Anfang jederzeit etwas knüpfen kann, fühlt man sich nirgends mehr ausgesetzt.

Es führt sogar noch weiter: Selbst wenn Sie jetzt einmal ohne Hund unterwegs sein sollten, haben Sie das Großstadt-Anschweige-Gebot schon so oft verletzt, dass Sie darin keine Hürde mehr sehen. Gänzlich angst- und blamagefrei können Sie jetzt in der Schlange bei der Post mit den fremdartigsten Menschen ein Geplauder über das Wetter beginnen.

Denn das Thema, mit dem der Bann bricht, ist eigentlich völlig egal. Es muss nur ein gemeinsames sein, und einer muss anfangen. Ihnen, dem Hundebesitzer, ist das ein Leichtes!

Was gibt's denn heute zu fressen?

Deutsche wollen immer alles richtig machen. Besonders stolz sind sie, wenn sie große Mühe aufwenden müssen, um diesem Anspruch zu genügen. Deshalb steht ein Halter, der seinem Hund schnödes Trockenfutter in den Fressnapf schüttet, in der Kaste ganz unten. Und weil er das weiß, schweigt er, wenn andere Halter in die Runde fragen: »Was füttert Ihr eigentlich?«

Im Rang ganz oben steht der Barfer, der seinen Hund möglichst so ernähren will wie ein Wolf in freier Wildbahn sich selbst. Er ignoriert, dass sich nicht nur die Ernährungsweise von Hunden evolutionär vom Urvater weg entwickelt hat.

Der gemeine Hundehalter ist dennoch vom Barfer beeindruckt, denn jener misstraut der Tierfutterindustrie grundsätzlich, und das ist ja schon mal politisch außerordentlich korrekt. Zweitens betreibt er mit der Ernährung seines Hundes erheblichen Aufwand: Kocht jeden Abend Kartoffeln und Möhren, zerkleinert sehniges Frischfleisch, fährt jeden zweiten Tag zum Schlachter. Der Barfer ist außerdem derjenige, die größten Reden schwingt. Er glaubt, er sei dazu berufen, alle anderen Hundehalter davon überzeugen, dass sie ihre Tiere mit Dosenfutter langsam, aber sicher vergiften.

Heutzutage wird ja vieles leicht für richtig gehalten,

nur weil im Internet tausend Kopien derselben Behauptung herumschwirren. Zwischen Fakt und Meinung wird dabei nicht mehr unterschieden. Doch vieles bleibt ohne jeglichen Beweis, oder wird mit einem Link zu einer obskuren Studie versehen, deren Auftraggeber im Dunkeln bleibt.

Der weit überwiegende Anteil der Trocken- und Dosenfutterfütterer fühlen sich weniger berufen, andere Leute analog oder digital zu überzeugen. Deswegen liest man im Internet viel seltener, dass sich ihre Hunde bester Gesundheit erfreuen.

Erst recht nicht die angemessene Öffentlichkeit finden zahlreiche Fälle, in denen schon Welpen dramatische Fehlernährungs-Symptome aufweisen, weil deren Besitzer nach Gefühl und Gutdünken barften. Tierärzte sagen, sie hätten nie so viele solcher Fälle gesehen wie jetzt, da dies in Mode sei.

Trotzdem hat so ziemlich jeder Hundebesitzer, der kein Barfer ist, ein latent schlechtes Gewissen, dass er seinem tierischen Freund nicht das Beste in den Napf füllt, was er sich nur leisten kann. Von solchem Schuldbewusstsein wäre er augenblicklich frei, würden Internet- und Werbewelt nicht dauernd wie irre auf ihn einreden, das RICHTIGE zu tun.

Der Hype um gesundes Hundefutter verläuft parallel zum Hype um Biokost für Menschen, und der Mensch selbst macht da auch keinen Unterschied mehr. Als ich das erste Mal einen Tierfachhandel betrat und mich in den langen Gängen mit Hundefutter beinahe verirrte, meine ich sogar, mehrfach »glutenfrei«, »laktosefrei« und »vegan« auf Dosen und Tüten gelesen zu haben.

Noch vor fünfzig Jahren und von da zurück in die Jahrtausende verschlang der Hund die Reste dessen, was der Mensch übrig ließ, oder was beim Schlachten abfiel. Extra Hunde-Leckerli zu kaufen, kam niemanden in den Sinn. Erst in diesem Jahrtausend boomt die Branche der Hundekeks-Bäckereien. Manche nennen sich sogar Confiserie und verpacken ihre handgebackenen Produkte in Cellophan mit Schleifchen.

Es ist ein Phänomen, dass man heute so viel mehr über gesundes Fressen für Hunde zu wissen glaubt, und zugleich derart vielen bemitleidenswert fetten Vierbeinern begegnet. (Genau wie beim Menschen, nur dass man diesen höchstens »übergewichtig« nennen darf.) Dass die tierischen Speckrollen aus erlesenen Confiserie-Kalorien bestehen mögen, adelt sie ja nicht.

Zurück zur Hundehauptmahlzeit. Ehrlich gesagt, angesichts der Auswahl im Tierfachhandel schwindelte mir. Die ganzen Aufschriften, Gütestempel, Vitaminangaben, fettgedruckten Vorteile und Fotos von grinsenden Hunden mit glänzendem Fell verschwammen zu einem farbigen Brei aus Buchstaben und Ausrufezeichen. Kalorienreduziert! Adult! Senior! Welpe! Besonders empfohlen für Jagdhunde! Möpse! Dackel! Allergiehunde!

Es schien mir schlicht unmöglich, nach einer Packung zu greifen, und damit alle anderen Angebote abzuwählen, die um meine Kaufentscheidung buhlten. Wenn mein Hund nicht dringend etwas zu fressen gebraucht hätte, wäre ich einfach wieder nach Hause gegangen.

Also griff ich mit unsicheren Händen nach ein paar Dosen und versuchte, zu berechnen, wieviel mein Hund davon pro Tag wohl brauchen würde. Es kam die astronomische Summe von sechs Euro zusammen.

»Damit könnte ich mir über die Lebenszeit eines Hundes fast ein Eigenheim zusammensparen«, sprach ich zum Kassierer.

»Das ist noch gar nichts«, sagte der und schüttelte schon selbst fassungslos den Kopf, »wir haben auch Trockenfutter für sechzig Euro das Kilo!« Er steckte mir zwei Probetütchen zu, denn er musste Werbung für das Produkt machen.

(Glauben Sie es oder nicht, mein Hund hat diesen Goldstaub nicht gefressen.)

Ich habe dann bei Stiftung Warentest geguckt, welches Dosenfutter zuletzt Testsieger für ausgewogene Hundenahrung war, und siehe da, es kam von einem Discounter. Das kaufe ich seitdem.

Wenn unter uns Haltern die Rede auf Hundeernährung kommt, erzähle ich von meiner Vernunftentscheidung. Ist aber ein Barfer dabei, dann sage ich nichts.

Der Leckerli-Automat

Leckerli, was ist das eigentlich für ein blödes Wort? Es klingt, als käme es aus der Schweiz, denn die hängen ja gern ein *-li* an alles Putzige. Es ist ein genauso blöder Ausdruck wie *Herrchen* und *Frauchen*, doch so lange sich nichts anderes durchsetzt, muss man sich dieser Niedlichkeitsformen bedienen, selbst wenn es einen graust. *Häppchen*, *Belohnung* – das trifft es eben nicht, ist allenfalls die Kombination aus beidem. Vielleicht *Futterlob*? Aber das klingt auch nicht wirklich toll.

Also das Leckerli. Ich habe in meiner linken Tasche immer welche. Sie stecken in einer Butterbrottüte, und wahrscheinlich absolvierte ich mit meinem Hund unwissentlich eine Art Clickertraining, denn sie spitzt sofort die Ohren und wedelt erfreut mit dem Schwanz, wenn sie das Knistern der Tüte hört.

Ja, genau, ich bin eine aus der Fraktion *Leckerli-Geber*, und werde von den *Kein-Leckerli-Verfechtern* scheel angesehen. Es ist halt mein erster Hund, und als ich ihr die Grundkommandos beibrachte, traute ich mich nicht, auf die Anziehungskraft eines Würstchenstückes zu verzichten, und behielt das später aus Bequemlichkeit bei.

Davon wird abgeraten. Ist aber einfacher. Hat nur seinen Preis: Neben allem, was man sonst noch auf einen Spaziergang mitnehmen muss, darf die Leckerlitüte nicht fehlen. Wenn ich sie mal vergessen habe, gerate ich leicht in Panik, obwohl das völlig unnötig ist. Es geht nämlich auch ohne, wie jeder schnell merken wird, der bis dato nie einen »Netto«-Spaziergang versucht hat.

Offenbar will ich es mir jedoch nicht abgewöhnen, Häppchen zu verteilen. Deswegen sind die linken Taschen *aller* Jacken, die ich besitze, voller Brösel und klebriger Brocken. Manchmal muss ich die Tüte als Kacktüte verwenden, und dann fliegt das Zeug eben lose herum. Diese Leckerlis sind auch mitverantwortlich dafür, dass ich im Sommer mit dem Hund nicht einfach losstiefeln kann, wie Gott mich schuf, sondern mindestens eine Gürteltasche brauche.

Die *Kein-Leckerli-Geber* haben zudem *dieses* Problem nicht: Für Abwechslung zu sorgen. Meine Wenigkeit und die beiden Freunde, mit denen ich regelmäßig zum Hundespiel verabredet bin, liegen da in einem Wettstreit. Mal habe ich Käsewürfel dabei, dann Fischchen, oder eben nur schnödes Trockenfutter.

Winkt dann aber einer der anderen Hundebesitzer mit Wildschwein-Trockenfleisch aus dem Dörrautomaten, dann wendet sich die Meute unserer drei Hunde überhaupt nicht an mich, sondern umstellt den mit dem attraktiveren Angebot. Ja, auch mein eigener bester Freund dreht mir dann kalt den Rücken zu.

Ich toppte das dann mit rohen Pferdefleischhappen,

und schon auf dem Weg zum Spielplatz wich mir mein Viech nicht mehr von der Seite. Auch die Hunde meiner Freunde ließen diese sogleich links liegen und interessierten sich ausschließlich für mich.

Es soll nicht sein, aber es ist trotzdem schön, wenn einen drei Hundeköpfe umschlängeln, die von unten hochgucken, so freundlich sie es nur irgend fertigbringen. Man kann sich einbilden, man werde ganz doll geliebt, jedenfalls so lange, bis die blutigen Brocken, die einem die Hände verschmieren, in ihren Rachen verschwunden sind. In den Augen dieser Hunde bin ich mit Sicherheit vor allem ein wandelnder Leckerli-Automat, der gegen Einwurf eines treuen Blickes eins rauswirft.

Es ist erstaunlich, in wie vielen Geschäften Kassierer und Kassiererinnen stehen, die unter dem Tresen Gläser mit Leckerli horten. Ein Bau- und ein Getränkemarkt ist dabei und sogar eine Apotheke. Auf dem Parkplatz davor hüpft mein Hund stets extrem begeistert aus dem Auto und wird schon ins Geschäft gelassen, bevor ich dort ankomme. Und dann steht sie auf zwei Beinen, es gibt ein großes Hallo, die Apothekerkollegen lachen alle, auch der griesgrämige Rentner vor dem Tresen. Es sind schöne Momente für alle Beteiligten.

Mein Hund erwartet inzwischen von jedem Menschen an einer Kasse Leckerli, und ist verwirrt, falls einer nichts hat. Ganz schlimm für beide Seiten, wenn sich die Verkäuferin zum vorfreudigen Hund herunterbeugt, um ihm zu sagen: »Du, Du, Du, alles alle. Hat ein anderer Wauwi weggefressen.« Und mein Tier wedelt und wedelt, weil es hofft, hinter der freundlichen Ansprache kommt noch was, und am Ende sind beide enttäuscht.

Meine unwissenschaftliche Feldforschung ergibt, dass unter Hundehaltern die Menge der *Leckerli-Geber* wesentlich größer sein muss als die der *Nicht-Leckerli-Geber*. Woher kommt sonst auch diese nahezu abartige Vielfalt in den Regalen der Zoogeschäfte?

Ist es ein Urinstinkt, Tiere füttern zu wollen? Es treibt einen ja auch bei Pferden, Kühen und Tauben dazu. Nur die Maßlosigkeit ist eine echte Gefahr, wie man an zahlreichen übergewichtigen Groß- und Kleinhunden sieht, deren Halter jegliche Bewegung durch Leckerli-Weitwurf ersetzt haben.

»Er will es ja!« verteidigen sich diese Leute in entschiedener Verneinung der Kette von Ursache und Wirkung.

Hat eigentlich schon mal eine Hundezeitschrift einen *Welcher-Leckerli-Typ-sind-Sie?*–Psychotest gemacht? Wenn nicht, dann glaube ich, wäre es eine gute Idee.

Der Hundeerzieher

Neulich ist ausnahmsweise mein Liebster die Abendrunde gegangen, dafür hat er sonst nie Zeit. Im Park traf er ein Ehepaar, das ihn lobte, weil unser Hund so schön bei Fuß ging, als er ihn zu sich rief. Da ließ er ihn auch noch »Sitz« machen, dann »Platz« und schließlich »Männchen«, und das Ehepaar rief: »Wie hübsch und wie gut erzogen!«

Am Ende hat er ihnen aber doch gestanden, dass nicht *er* dem Hund das alles beigebracht hat.

Ich verschwieg meinem Liebsten, dass *Sitz*, *Platz* und *Männchen* lächerliche Kommandos sind, die selbst der minderbemittelteste Hund lernen kann, wenn sein Besitzer ein Fitzelchen Erziehungstechnik beherrscht.

Menschen ohne Hundeerfahrung kann man mit solchen Einlagen natürlich beeindrucken. Hundebesitzer jedoch siedeln diese Befehle nicht mal im Trainings-Einmaleins an, sondern noch darunter. Zum Einmaleins würde zum Beispiel gehören, dass der Hund unter allen Umständen zurückkommt, wenn man ihn ruft. Aber schon das ist ihm nicht *en passant* beizubiegen.

Der moderne Hundeerzieher, der ja Fernseh-Trainern nacheifert, Welpenkurse besucht, Anleitungsbücher liest und sich mit Gleichgesinnten austauscht, weiß, wie viel Konsequenz, wie viele tausend Wiederholungen, wie viel Genauigkeit im Übungsablauf nötig sind, bis der Hund anspruchsvollere Kommandos zuverlässig ausführt, ohne sich von jedem Würstchen ablenken zu lassen.

Das Problem ist nur: Das eigene Tier und die eigene Wirklichkeit unterscheiden sich von all den medialen Tipps und Ratschlägen immer irgendwie ein Bisschen. Und man ist ja auch kein Übermensch: Keiner kann Tag für Tag im festen Hundeführer-Ton Befehle zur genau richtigen Sekunde aussprechen, dabei eine entschlossene Körperhaltung einnehmen, das Leckerli sofort zur Hand. In den Trainingsbüchern liest sich die Vorgehensweise leicht herunter, aber es erfordert doch erhebliches Engagement, bis ein neues Kunststück klappt. Mal gießt es in Strömen, mal ist man schlecht gelaunt, mal taucht ein anderer Hund auf und so weiter.

Ich kenne einen Jäger, dessen Hund sucht auf Befehl einen Schlüsselbund auf einer riesigen Wiese, und zwar so lange, bis er ihn gefunden hat. Von so etwas ist mein eigener weit entfernt. Er sucht zwar auch, jedoch lieber Kaninchenspuren. Und wenn er eine frische aufgespürt hat, ist er weg, da kann man rufen, was man will. Das ist sehr peinlich.

Ich stehe dann weithin sichtbar zwischen den Feldern, habe eine Leine in der Hand, aber keinen Hund dran. Von Ferne nähern sich andere Hundebesitzer, und ich tue, als betrachte ich ganz genau ein Gänseblümchen auf dem Weg, während ich aus dem Augenwinkel den Horizont nach meinem Viech absuche. Ich stelle jedes Rufen ein, doch die anderen Spaziergänger haben sowieso längst kapiert, dass ich einer dieser Loser bin, deren Hunde nicht das Geringste können.

Als sie grüßend an mir vorbeigehen, ihre Tiere alle bei Fuß, lächele ich schief. Bloß jetzt nichts sagen, damit sie nicht stehenbleiben und mich mit Ratschlägen überschütten. Ich weiß doch genau, dass ich eine Schleppleine kaufen soll. Allzugern würde ich ihnen vorführen, dass mein Hund eine Rolle kann und prima am Fahrrad läuft, aber das wäre ja jetzt noch peinlicher.

Endlich sind sie weg. Nun erst kommt mein Rudelmitglied mit wehenden Ohren angewetzt. Ich bin bemüht, ihn nicht anzuknurren. »Landstreicher!« zische ich dennoch. Aber natürlich ist der Hund nicht schuld, sondern ich, das sagt doch jeder.

»Da ist die Bindung nicht stark genug«, klingelt mir der Kommentar eines Hundetrainers in den Ohren. Wer will denn sowas über sich reden hören?

Auch eine dämliche Situation: Der Hundebesitzer schleudert mit ganzer Kraft und lautem Ächzen einen Ball sagenhafte fünfzig Meter weit, ruft »Apport!«, und sein Tier läuft drei lahme Schritte vor, um sich dann in irgendeiner Schnüffelei zu verlieren. Und am Ende trabt man unter den Blicken aller Spaziergänger selbst die Strecke, um den Ball dort irgendwo im hohen Gras zu suchen.

Man kann sich ja kein Schild umhängen, auf dem steht: »Den apportiert er sonst immer!«

Politisch korrekt ist es nicht, dass derselbe Hundebesitzer, in diesem Fall also ich, innerlich triumphierend an Leuten vorbeigeht, die versuchen, ihren Schoßhund anzuleinen. Immer wenn sie sich bücken, hüpft ihre vierbeinige Schuhbürste einen halben Meter weg, bis genau außerhalb ihrer Reichweite. Eine gut gemeinte, zutiefst besserwisserische Trainingsempfehlung drängt meine Kehle hoch, aber ich schlucke sie eben noch herunter.

»Da sieht man ja sofort, wer der Chef ist!« raune ich nur meinem Liebsten zu und gemeinsam fühlen wir uns total überlegen.

Doch das hält nicht lange an. Schon bald stellt sich wieder dieses nagende Gefühl ein, zu wenig zu trainieren, zu kurz spazierenzugehen, und den Hund nicht vom Bellen am Zaun abhalten zu können. Ich wünschte mir ein Trainingsbuch, in dem steht, wann es denn mal gut ist.

Solange nehme ich mir heraus, mein Viech gelegentlich nicht zu bearbeiten, sondern wortlos hinter ihm über die Felder zu latschen, ihm ein unverdientes Leckerli in den Hals zu schieben, mit ihm und einem angeschleppten Hausschuh auch noch zu spielen und abends hemmungslos auf dem Sofa zu kuscheln.

Schlechtwettergassi

Wer davon träumt, sich einen Hund zuzulegen, der sieht sich mit ihm durch die Felder streifen – bei mildem Sonnenschein, während der Mohnblüte. Der Hund trippelt voraus, und man selbst atmet tief die herrliche Morgenluft ein.

Für die Dauer des ganzen Vierbeiner-Lebens hat man die Verpflichtung übernommen, dem Tier seinen artgerechten Auslauf zu gewähren. Doch das Jahr hat dreihundertfünfundsechzig Tage, und die Hälfte davon nennt man Winterhalbjahr, und der Hund muss ausnahmslos jeden Morgen raus – Minimum eine Stunde. Da kommen über ein Jahrzehnt einige Schlechtwetter-Spaziergänge zusammen.

An solchen zögert der Hund an der Tür, schnüffelt in die feuchtkalte Luft, will nicht hinaustreten. Doch der Hundebesitzer, der dasselbe fühlt, sagt trotzig entschlossen: »Hund, wir gehen!«. Mit grimmigem Blick auf sein Haustier stellt er fest, dass er seinen inneren Schweinehund nie mehr überwinden muss.

Aber er hat ja noch Zeit, bevor die Verantwortung ihn unerbittlich über die Schwelle drängt: Erst müssen Jacke, Pulswärmer, Handschuhe, Stiefel, Schal, Mütze, Ohrenschützer angezogen, umgewickelt und übergestülpt werden. Das dauert. Schließlich sieht man aus wie ein Astronaut und bewegt sich auch so. Und wo ist schon wieder die Leine!

Ein typischer Morgen: Drei Grad über Null, die Wolken hängen knapp über den Baumkronen, dadurch fährt ein schneidiger Wind, der Regen fällt schräg, die Wege sind schlammig, die Bäume kahl, die Wiesen braun, keine Hoffnung auf Sommer weit und breit. Dem Hund ist es jetzt egal, denn er hat eine interessante Spur gefunden.

Aber sein Besitzer: Dem sickert der Regen in den Kragen, und er sieht durch seine tropfenbesetzte Brille nichts, weil er keinen trockenen Fetzen mehr am Leib hat, mit dem er sie putzen könnte. Seine Stiefel quetschen sich tief in die Matsche, und das kostet bei jedem Schritt Kraft. Seine Finger sind so kalt, dass der Hund kein Leckerli bekommt, denn dafür müsste Herrchen ohne Handschuhe in die Seitentasche greifen.

Der Wind pfeift aus allen Richtungen. Nicht nur deswegen verzichten viele Hundebesitzer auf einen Schirm: Sie brauchen auch die Hände frei, um einen Ball zu werfen, oder das Tier anzuleinen. Mit der Zeit haben sie bessere Lösungen gefunden: Eine unförmige Regenhose aus Plastik mit Gummizug, in der man zwar von außen nicht nass wird, aber von innen fürchterlich schwitzt. Einen Regenmantel für Reiter – wadenlang und an den Seiten ausgestellt, so dass man von weitem aussieht wie der weiße Clown aus dem Zirkus. Gummistiefel – aber nur gut gefederte, neoprengefütterte, teure, denn die billigen sind bei dieser Beanspruchung nach einer Woche undicht und wärmen sowieso nicht. Leider ziehen einem auch die teuren beim Laufen langsam von innen die Strümpfe aus, sodass man selbige über die Hosenbeine ziehen muss, damit sie nicht rutschen. Fühlt sich unangenehm an, muss man halt vergessen.

Richtig schick – als Großstädter oder im Countrylook – sieht bei Schlechtwetter eigentlich kein Hundebesitzer aus. Sie haben alle schnell begriffen: Vor dem Spaziergang duschen oder schminken bringt gar nichts, und eine saubere Hose ist auch keine Option.

Während man in die Graupelschauerferne guckt, kämpft hinter dem nasskalten Stirnhaar die Pflicht mit der Gemütlichkeit: Man könnte ja an der nächsten Weggabelung abkürzen, schnell wieder zuhause sein, Hände und Füße zum Auftauen in den Backofen stecken. Aber der Hund braucht Bewegung, sonst hat man daheim ja auch keine Ruhe. Also weiter den holprigen Pfützenweg entlang, so wie gestern schon und wie morgen, denn das Tief über der Heimat soll sich die ganze Woche nicht rühren.

Dies ist die Zeit, da man keinerlei Probleme mit Hundehassern hat, denn die sitzen in ihrer beheizten Wohnung und sehen die Regentropfen an der Fensterscheibe gefrieren. Auch das Ordnungsamt rückt nicht aus, um die Leinenpflicht zu überprüfen.

Die Hundebesitzer bleiben unter sich: Vereinzelt erscheinen am Horizont ihre unförmigen Silhouetten. Sie rufen einander gegen den Sturm zu, was für tapfere Leute sie doch sind. Irgendwo haben sie gelesen, dass ihre Spezies um fünfzehn Prozent gesünder sein soll als der Bevölkerungsdurchschnitt. Für eine Minute fühlen sie sich phänomenal.

Ganz weit hinten sehen sie den Himmel aufreißen. Aber die Sonne wird erst hervorkommen, wenn sie schon wieder die Haustür aufschließen. Knapp verpasst das gute Wetter!

Und während draußen der Himmel blau wird, hat der Hundebesitzer mit dem Heimkommen zu tun: Schlammstiefel, nasse Pulswärmer, nasse Handschuhe abstreifen, nasse Regenhose herunterziehen, nasse Jacke an die Heizung hängen, nassen Schal vom Hals wickeln, auf Zehenspitzen nach dem Hundehandtuch angeln, damit man nicht bestrumpft in seine eigenen Pfützen tritt, das Tier abrubbeln und dessen Pfoten säubern, bevor es sich schüttelt und der Dreck an alle Wände spritzt. Seine Tappsen vom Boden wischen, die eigenen Haare trocknen.

Der Hund ist längst auf das Sofa gehopst, schließt schon die Augen und schnauft tief durch.

Bis zum Nachmittag, wenn er wieder raus muss, und sich die Sonne längst verzogen hat. Aus dem Regen ist dann Schneetreiben geworden.

Rüdengassi

»Man müsste mal darüber schreiben, wie anstrengend Spaziergänge mit Rüden sind!«, schaufte meine Nachbarin, nachdem sie ihren Ridgeback eingefangen hatte, der einem Vierzigtonner hinterhergejagt war, um das Ungeheuer zur Strecke zu bringen.

Ja, Rüdenbesitzer sind nicht zu beneiden. Sie müssen deutlich entschlossener auftreten als der Halter eines Weibchens, denn ihr Hund tritt ja auch entschlossener auf. Je höher er die Rute trägt, desto fester steht seine Überzeugung, dass die Welt sein Revier ist, und er bestimmt, wer Zutritt hat. Diese Gewissheit pinkelt er außerdem an jede Ecke.

Kein Gedanke an Lustwandeleien bei herrlichem Wetter und Geplauder mit menschlichen Begleitern. In die entspannte Atmosphäre kann jederzeit eine Bombe fallen. Rüdenbesitzer haben stets einen leicht angespannten Nacken und brauchen ihre Augen überall, denn jedes noch so friedliche Lebewesen ist ihres Vierbeiners Feind. Sie müssen es schneller entdecken als er.

Naht ein Radfahrer, so wird der Hund zurückgerufen, er muss ein Leckerli fixieren, bis das Zweirad vorbei ist. Aber meine Nachbarn haben das schon dreitausendsiebenhundertfünfundachtzig Mal trainiert. Trotzdem würde ihr Hund niemals ungerührt an einem Radfahrer vorbeitraben, auch nicht an Kinderwagen, Reitern, Sportlern oder Schubkarrenschiebern.

Wird der Rüde solcher Mistkerle ansichtig, so erstarrt er kurz. Diese Zehntelsekunde muss man erwischen, um ihn von der Startbahn zu ziehen, sonst ist er nämlich abgezischt, schnurstracks auf den Unverschämten zu, der es wagt, seinen Weg zu kreuzen.

Wieviele Halter sah ich schon von Weitem, die kreischend ihre Befehle riefen: »Zurück! Kehr um!«, während in der Nähe ein erschrockener Nordic Walker stoppte, seine Stöcke starr an sich gepresst oder hoch in die Luft gepiekt. Der Rüde stand drohend vor ihm, und in seine aufgestellten Ohren passte kein Befehl mehr rein.

Dann sieht man die Halter herbeirennen: »Es tut mir leid!« keuchen sie mehrmals hintereinander. Sind sie ihres Testosteron-Tieres schließlich habhaft geworden, so beschimpfen sie es extra-empört, als wäre sein Gebaren ein Ausnahmefall.

Überall da, wo Rüden herumlaufen, laufen auch andere Rüden herum. Alle haben den gleichen, egomanischen Blick auf die Welt, und das schafft erhebliches Konfliktpotenzial. Wie unterschiedlich groß die Kontrahenten sind, spielt dabei keine Rolle. Notfalls stellt sich ein Zwergpinscher auf die Hinterbeine, um eine Dogge seines Revieres zu verweisen. Er punktet außerdem mit seinem schrillen Gebell, das nicht nur der Dogge in den Ohren pfeift.

Während ich mit meinem Weibchen tiefenentspannt durch den Park wandele, die Leine lässig über die Schulter geschlungen, hat der Rüdenbesitzer diese ständig zur Hand. Pausenlos muss er sich bücken, um sein Männchen anzuleinen, denn hinten um die Kurve taucht ja wieder so ein XY-Chromosom-Exemplar auf.

Spätestens bei solchen Begegnungen sind alle zarten Damen mit Rüden großer Rassen raus. Denn der Hund reißt seinem Halter den Arm aus. Er knurrt, er fletscht, er stemmt die Vorderbeine in die Erde. Es ist ihm gleichgültig, ob er am Halsband erstickt: Zum Konkurrenten muss er hin, schon damit dieser ihn nicht für feige hält.

Zahlreiche Leute mit Schleppleinen haben sich bereits dicke Blasen zugezogen, wenn ihnen das endlose Nylonband in einem Affentempo durch die Hand rutschte, weil sie es nicht mehr halten konnten. Und der Hund raste derweil an einem Zaun auf und ab, während auf der anderen Seite ein anderer Rüde genau das Gleiche tat, beide herzhaft bellend, bis sich überall die Fenster öffneten.

Jeder Rüde hat feste Feinde, sie hassen einander manchmal schon von Kindesbeinen an. Deren Halter sind noch nie dazu gekommen, mehr als einen Gruß und einen resignierten Blick zu wechseln. Sie ziehen ihre Hunde an sich und hinter sich her, während diese ihre Zornesbürsten aufstellen und den Feind so lange fixieren, bis er außer Sichtweite ist.

Ich kenne Halter, die verabredet haben, zu unterschiedlichen Zeiten Gassi zu gehen, damit sich ihre Tiere nicht begegnen. Oder der eine läuft im Park oben rum, der andere unten.

Wundersamerweise gibt es auch Rüden, die sich vertragen und herrlich miteinander spielen. Aber lassen Sie dazwischen mal ein Weibchen auftreten, womöglich noch läufig! Binnen Sekunden gehen die Männchen einander an die Gurgel, denn keiner gönnt dem anderen die Nähe der vielversprechenden Dame. Im Frühjahr und im Herbst trifft man an jeder Ecke läufige Hündinnen.

So wie meine, die seit Tagen herrlich riecht. Eine Dame mit einem winzigen Rauhhaardackel, der sich partout nicht mehr vom Hinterteil meines Weibchens wegbewegen wollte, sagte heute empört zu mir: »Jetzt heult er zuhause wieder drei Tage lang!« Als wenn ich schuld wäre, dass sie einen Rüden hat.

Man kann den Frauen nur danken, dass die Menschheit durch ihren unermüdlichen Einsatz zivilisiert wurde. Was wäre das für eine Welt, in der die Männer ausschließlich testerongeleitet agierten! Man könnte mit ihnen nicht einmal in Ruhe spazierengehen.

Der Erzfeind

Wenn meine Hündin in der Ferne den Rottweiler entdeckt, der von seinem Herrchen an der Leine geführt wird, dann empört sie sich ungeheuer. Sie rennt den halben Weg auf ihn zu, weiter nie, und bellt von dort ungewöhnlich tief aus dem Hals. Was sie zu sagen hat, ist unschwer zu verstehen: »Verschwinde, Du Lump! Was hast Du hier zu suchen? Ich mach Dich kalt!«

Wir sind diesem Rottweiler und seinem Herrchen noch nie näher gekommen. Einen vernünftigen Grund, warum mein sonst mit fremden Hunden eher schüchternes Blümchen ausgerechnet ihn so hasst, hat es mir leider noch nicht mitgeteilt.

Über solche Wutausbrüche kann man als Hundebesitzer noch lachen. Weniger schön ist es, wenn der Erzfeind des eigenen Vierbeiners ein unschuldiger Zweibeiner ist. Man kennt das ja von Post- und Paketboten, aber die nehmen es als Berufsrisiko hin.

Nicht so ein befreundeter Nachbar, mit dem mein Hund eine sehr erbitterte, einseitige Feindschaft pflegt. Er wohnt wenige Häuser weiter, und sein Parkplatz liegt direkt neben unserem Haus.

Mein Hund kann im Wohnzimmer hören, wenn sein Auto vorfährt. Sie rauscht dann knurrend aus dem Tiefschlaf hoch. Noch ehe der Nachbar ausgestiegen ist, steht sie mit den Vorderpfoten auf dem Fensterbrett und bellt, dass man fürchten könnte, die Scheiben bersten.

Der Nachbar geht dann fort, und ich vermute, dass meine Höllentorwächterin aus dieser Tatsache irgendwann geschlossen hat, dass *sie* es war, die ihn erfolgreich in die Flucht geschlagen hat. Das wiederholt und festigt sie jetzt täglich mindestens zweimal.

Wir mögen diesen Mann, und plaudern häufiger über das Gartentor. Als mein Hund noch klein war, hat er sich oft nach ihm gebückt und ihn gestreichelt. Jetzt kommt er am Tor kaum noch zu Wort, denn neben mir steht eine reißende Bestie, die kläfft, was ihre Lungen hergeben. Und glauben Sie mir, zu jedem anderen Menschen ist die Bestie überschwänglich nett!

Wir haben alles versucht. Zuerst natürlich Bellverbote. »Ruhe jetzt! Klappe!« Dann den durchgedrehten Hund zurück ins Haus gebracht, wo sie nicht abkühlte. Das Fenster, hinter dem sie wütete und raste, beschlug von innen. Sie musste Sitz machen, Platz machen, auf ihr Hundebett gehen – es fruchtete alles nichts.

So etwas ist ziemlich peinlich. Der Nachbar macht natürlich gute Miene, und ich entschuldige mich am laufenden Band. Er hockte sich sogar hin, als ich ihn darum bat, weil ich hoffte, dass mein Hund ihn auf Augenhöhe weniger bedrohlich finden würde.

Es hat nichts genützt. Der Drache mit der Bürste auf dem Rücken blies dem gutwilligen Mann seinen glühenden Hassatem direkt ins Gesicht. »Keinen Zentimeter über meine Schwelle! Ich schlage Dir die Zähne ins Knie, Erzfeind!« Ich musste das auf und nieder hüpfende Raubtier entschlossen wegziehen.

Leider merkt man schon, dass des Nachbars Lächeln langsam eine Spur grimmiger wird, und sich dieser Grimm leise vom Hund auf uns überträgt. Gelegentlich fühle ich mich wie eine Asoziale mit einem räudigen Hofhund und versuche dies mit übertriebener Freundlichkeit wieder wett zu machen.

Mein nächster Befriedungsversuch war die positive Verstärkung. Als der Nachbar vorbeikam, drückte ich ihm ein bröseliges Leckerli in die Hand. »Gib es ihm. Das soll doch mit dem Teufel zugehen, wenn das nichts bringt.«

Der Nachbar hielt dem Hund das Leckerli vorsichtig entgegen. Der machte einen langen Hals, schnupperte und hätte es ihm beinahe aus der Hand genommen, hätte der Nachbar nicht im letzten Moment Angst um seine Finger bekommen und es fallen gelassen.

Mein Hund würgte das Leckerli herunter, ohne zu kauen, trat zwei Schritte zurück und bellte wütend weiter.

Ich bin sicher, dass es ohne die Zuarbeit des Nachbarn mit Freundschaft nichts mehr werden kann. Aber dafür müsste er über ein paar Wochen konsequent Leckerli mitbringen, so lange, bis mein verfressenes Viech sich richtig darauf freut, seine Autotür schlagen zu hören. Bedauerlicherweise hat der Nachbar dazu weder Zeit noch Lust, und das kann ich ihm nicht verübeln.

Bei aller gegenseitig aufgebrachten Vernunft besteht nun eine kleine Unwucht in unserem ehemals lockeren Verhältnis. Denn kein Mensch findet es schön, von einem Hund rüde zurückgewiesen zu werden. Er ist enttäuscht, dass seine Kontaktversuche fehlschlagen, fühlt sich ungeliebt und unschuldig noch dazu. Mit Recht sieht er nicht ein, warum er sich das erzürnte Tier gewogen machen soll. Das würde er ja bei einem geifernden Mitmenschen auch nicht tun.

Und ich glaube nicht, dass es weiterhilft, wenn wir dem Nachbarn entschuldigend lachend sagen, dass ausschließlich er und niemand sonst der Erzfeind unseres Hundes ist, und dass wir das auch nicht verstehen.

Anders verhält es sich, wenn ein Hund schwanzwedelnd auf fremde Menschen zuläuft. Die fühlen sich augenblicklich herausgehoben, sind ganz entzückt, dass der Hund sie liebt und lieben ihn augenblicklich heftig zurück. In diesem Fall empfiehlt es sich wiederum nicht, darauf hinzuweisen, dass der Hund das mit allen macht.

Streicheln

Fast alle Leute wollen Hunde streicheln. Etwas Magisches geht von ihrem Fell aus, gleichgültig, ob es glatt und glänzend ist, flockig oder flauschig.

Wühlen sich die menschlichen Finger hinein, dann spüren sie unter dem Pelz auch den warmen, beweglichen Hundekörper, und ihr Herzschlag wird langsamer, der Blutdruck sinkt, ein Lächeln krabbelt über ihr Gesicht. Für Momente lassen die Gegenwart des Tieres alle Sorgen von Gestern und Morgen verfliegen. Manchmal fühlt man sich schon durch dessen bloßes, schnaufendes Dasein vor Unbill geschützt, und das kann sogar besser gelingen als durch die Nähe zu einem Menschen, in dessen Liebkosung sich vielleicht ein Hauch Ärger mischt.

Dass es für Körper und Seele heilsam ist, einen Hund zu streicheln, ist nicht nur eine uralte, millionenfach geteilte Privatmeinung, sondern medizinisch bewiesen, sonst gäbe es die Vielzahl von Therapiehunden für Autisten, Essgestörte und Demenzkranke nicht. Ein halbwegs gesunder Hundehalter braucht diese Forschungsergebnisse weniger, er spürt auch so, wie er durch die tägliche Hundbeschmusezeit noch einen Tick gesünder wird.

Ein Freund von mir hat einen wunderschönen Mischling, der sich leider gar nicht gerne anfassen lässt, selbst der Hand seines Herrchens weicht er oft aus. Obwohl man mit diesem Mischling herrlich durch die Pampa streifen kann, ist es immer ein wenig enttäuschend, dass er nie längs geht, nie seinen Körper gegen Menschenbeine drückt. Seine Wärme kann man bestenfalls hastig mit den Fingerspitzen ertasten, wenn man ihm mit der anderen Hand ein Leckerli hinhält.

Ganz im Gegensatz zu meinem eigenen Hund. Gestern Abend lag sie auf ihrem Kissen, und als ich vorbeikam, schaute sie mit diesem einzigartigen Blick auf, in den sich Müdigkeit mit einem leicht verschämten Schmusewunsch mischt.

Ich sagte: »Na, Süße?« und ließ mich auf die Knie nieder. Sofort drehte sie sich auf den Rücken, Hinterbeine gerade weggestreckt, Vorderbeine angewinkelt. Alles lag für mich bereit. Ich hätte vier Hände brauchen können, um Bauch, Flanken, Achseln, Hals, Ohren zu kraulen. Eigentlich wollte ich Nachrichten gucken, doch ich konnte nicht aufhören, in die weichen Falten und über die warmen Rundungen zu fahren, und flüsterte blöde Wörter auf das hingegossene Wesen hinab, das sich mir so arg- und absichtslos darbot.

Das habe ich auch schon anders gemacht. War ich selber traurig, so lockte ich den Hund, damit er für mich da war. Legte er sich neben mich, griff ich gleich in sein Fell. Duckte er sich dann weg und suchte sich einen anderen Schlafplatz, wurde ich noch trauriger, denn jetzt liebte mich nicht mal mehr mein vierbeiniger Begleiter. Ich habe nur widerwillig eingesehen, dass einen Hund zu streicheln, eine Sache gegenseitiger Freiheit ist. Man muss ihn kommen lassen, erst dann entsteht echte Freude.

Es ist schlimm, mit anzusehen, wenn Unerfahrenen und Unsensiblen jegliches Vertrauen in ihre Anziehungskraft auf einen schmusewilligen Hund fehlt. Sie versuchen, das Tier noch näher zu sich herzuziehen, ihn festzuklemmen, um ihn dann mit klebriger Liebe zu überschütten und mit Krakenarmen zu beklopfen, ohne Gespür für das, was eine streichelnde Hand ausmacht.

Sie erkennen nicht, wenn der Hund seinen Kopf abwendet, die Ohren hochzieht und hart wird. Dieses ruhige Glücksgefühl, das sich beim Streicheln einstellt, können diese Menschen gar nicht empfinden, denn es hört sich theatralisch an, wenn sie in hohem Ton flöten: »Brav, mein Guter, brav!« Lassen sie nicht bald los, wird der Hund sich freistrampeln oder gar um sich beißen. Zärtlichkeit und Zwang schließen einander grundsätzlich aus.

Eine schwierige Übung ist es für Hundehalter, ihren Hund *nicht* zu streicheln, wenn der gerade einen Schrecken erlebt hat. Als wir einmal neben einem Kinderkarussel standen, setzte es sich plötzlich mit großem Geklingel in Bewegung. Mein Hund erwürgte sich fast am Halsband, um zu flüchten und zitterte wie die Blätter einer Pappel im Wind. Sogleich wollte ich ihn wie einen Mitmenschen in die Arme nehmen und trösten.

Davon wird ja abgeraten, um das Tier in seiner Panik nicht noch zu bestärken. Doch mein Impuls kann nicht einsehen, dass das richtig sein soll. Selten fiel es mir so schwer, meinen zähneklappernden Hund Sicherheit ausstrahlend vom Ort des Geschehens wegzuleiten, ohne mich nach ihm zu bücken.

Zurück zu dem wunderschönen Mischling meines Freundes, der sich nicht streicheln ließ. Man weiß nicht, was er als Welpe erlebt hat, vielleicht ist er einfach nur ein ängstlicher Charakter.

Er ist nun drei Jahre alt und hat kürzlich angefangen, sich abends auf die Couch zur Familie zu legen, anstatt zwei Meter weg auf den Teppich wie üblich. Hin und wieder hält er jetzt sogar still, wenn Herrchen ihm die Ohren krault und grunzt sogar behaglich, wenn auch nur kurz.

Und guckt auch wirklich keiner hin, dann drückt er selbst mir seinen Körper entgegen, wenn ich seinen unteren Rücken massiere. Es fühlt sich an wie eine Gunst, aber man muss aufhören, bevor er flüchtet.

Offenbar wirkt auch bei ihm die Heilsamkeit des Streichelns durch seine Therapiemenschen.

Spielen

Es gibt niemanden, mit dem ich derart sinn-, ziel- und ergebnislos herumzappele wie mit meinem Viech. Es reicht ein Stück Pappe, ein angekauter Ball, ein Tau mit Knoten und ein einziger, auffordernder Blick.

Dann wird gezippelt und gezogen, gezerrt und gezupft, versteckt, angeschlichen, gefangen, geworfen, geschubst, gewedelt, gesprungen, gestrampelt, getäuscht, triumphiert, gebettelt, geklaut, verteidigt, angegriffen, rechts und links herum gekreiselt. Ich kann wunderbar Spannung aufbauen, bis der Hund von Ohr bis Schwanz gespitzt ist. Dabei produziere ich peinliche Geräusche, die sich die Nachbarn wahrscheinlich nicht erklären können.

Natürlich ist Menschen und Säugetieren die Fähigkeit zum Spiel angeboren, aber es gibt zahlreiche Erwachsene, die vergessen haben, wie ursprünglich dieses alberne Tun in ihrer Kindheit auch für sie war. Heute gebären sie sich steif und unbeholfen.

Selbst einen unerschütterlich amüsierwilligen Welpen können sie mit ihrer Mischung aus Verlegenheit, Gewinnenwollen, Dominanzstreben und Tätschelbedürfnis aus dem Takt bringen. Dabei wäre es eine prächtige Gelegenheit, sich über die von keiner Konvention gebremste Spiellust des Junghundes an die eigene zu erinnern, die irgendwann im Lebenslauf versickert ist.

Man muss zugeben, dass es nicht einfach ist, sich jeden Tag Zeit dafür zu nehmen, wenn zugleich eine Abgabefrist einzuhalten hat, die Spülmaschine nach Salz lechzt und das Fahrrad zu reparieren wäre. Bei diesen und anderen Erledigungen läuft mir ständig der Hund in die Quere, wirft triumphierend eine geklaute Socke in die Luft, um mich auf einen Tanz einzuladen.

Spiel scheint das Unwichtigste auf meiner Pflichtenliste, doch mein Herz ist nicht hart genug, um die Rauflust meines schwanzwedelnden Angehörigen dauernd abzuweisen. Außerdem hatten wir uns ja ein Lebewesen mit Bedürfnissen ins Haus geholt – kein Stofftier, das liegenbleibt, wo man es hintut.

Also lasse ich mich seufzend auf den Teppich nieder, ignoriere, dass dieser dringend gestaubsaugt werden müsste, rupfe dem Dieb die Socke aus dem Maul und drohe: »Dich mach ich fertig, Du kleines Kampfgeschwader!«

Mein Tier schlenkert eifrig mit allen Gelenken und wirft sich begeistert in die Schlacht – aber nur, solange ich selber mit allen Sinnen dabei bin. Halbherzigkeit spürt es sofort und verliert dann schnell das Interesse.

Wäre ich Esoteriker, so würde ich davon schwärmen, wie uneingeschränkt für Hunde nur die augenblickliche Sekunde zählt. Wie sie durch ihr pures Dasein, ohne Einsatz heiliger Steine, Chakramassagen und Mantragesänge, ihre Menschen in dieses Hier und Jetzt zurückzwingen. Man muss sich bloß noch mitreißen lassen, sämtliche Erziehungsversuche für eine Weile einstellen, schon befindet man sich im gleichen Flow.

Im Hause mag es ja noch gehen, aber draußen kann das Spiel mit einem Hund körperlich ziemlich fordernd sein, und von fortgesetztem Ballwerfen kriegt man einen Tennisarm. Doch wenn man selbst längst schnaufend im Gras liegt, funkeln die Augen des sprungbereiten Spielpartners immer noch mit tausend Watt.

Nicht nur deswegen ist es auch mal schön, Hunden beim Spiel miteinander zuzusehen, während man selbst mit verschränkten Armen gemütlich dabei steht. Ich kann dies nur jedem empfehlen, der für kurze Zeit ohne eigenes Zutun – quasi auf Knopfdruck, aber ohne Drogeneinnahme – durch und durch glücklich sein möchte.

Mein Hund tobt beinahe täglich mit seinem etwa gleich großen, schlanken Mischlingsfreund. Die beiden sind so gut aufeinander eingespielt, dass ihre Raufereien wie athletische Ballett-Tänze wirken. Sie können voraussehen, welche Aktion als nächstes kommt – ins Ohr beißen, den Kopf des Freundes ins Maul nehmen, abhauen, einander quer durch die Büsche jagen, bis die Landschaft nur so vorbeizischt, sich auf den Rücken schmeißen, oder die Körper krachend aufeinanderwerfen. Dies alles mit weit aufgerissenen Augen, in tausend zickige Falten gelegten Gesichtern, leisem Quietschen, angedeutetem Geknurre und blitzenden Zahnreihen. Von Weitem könnte man meinen, es sei ein Weltkrieg im Gange.

Beide Hunde lassen zur gleichen Zeit voneinander ab, um gemächlich Seite an Seite ans Seeufer zu trotten. Dort stehen sie mit den Vorderpfoten im Wasser dicht beeinander, um das kühle Nass zu schlappern. Manchmal lecken sie sich noch gegenseitig die Tropfen von den Lefzen. Dann schlendern sie wieder auf die Wiese, wechseln einen tiefen Blick, gehen leicht in die Knie – und los geht die zweite Runde, das Gaspedal voll durchgetreten.

Regelmäßig bleiben Passanten stehen, um das hemmungslose, temporeiche, absolut unbeschwerte Schauspiel zu genießen.

»Wir sollten Eintritt nehmen!«, flüstere ich dann dem anderen Hundebesitzer zu, bin aber selbst viel zu angesteckt von der dargebotenen, sprudelnden Lebensfreude, als dass ich das ernstlich erwägen würde.

Jeder Hundehalter ist froh, wenn das eigene Tier mit anderen Hunden spielt! Am meisten aber freut ihn, dass er selber nicht mehr ran muss, und der Hund zuhause augenblicklich in Tiefschlaf verfällt.

Der Hund als Mensch

Obwohl ein Hund bekanntlich kein Wort versteht, redet sein Besitzer ständig mit ihm. Dass seine Sätze bei dem Vierbeiner nur als endloses Gebrabbel ankommen, weiß er eigentlich, doch unterlassen kann er es nicht.

Was haste da schon wieder geklaut? Woll'n wir los? Kannste mir sagen, wo die Leine ist? Gehste mal dem Radfahrer aus dem Weg? Ham wir nicht klasse Wetter? Hörste die Amsel?

Auf keine dieser und anderer Fragen hat der Hundebesitzer jemals eine Antwort bekommen, und dennoch wiederholt er sie Tag für Tag, Stunde um Stunde. Ziemlich häufig hat selbst er keine Ahnung, was er da alles zusammenfaselt.

Ein verkleidetes Selbstgespräch ist diese einseitige Unterhaltung nur teilweise. Sie ist immer auch der Versuch, mit menschlichen Mitteln Kontakt herzustellen, vielleicht so ähnlich wie die Umarmung eines Baumes durch eine esoterische Dame. Das Echo des Hundes, des Baumes, das hört man halt nicht durch die Ohren, sondern glaubt es irgendwo tief drinnen zu vernehmen – natürlich bestätigend.

Dass wir Zweibeiner dazu neigen, nicht nur beim Hund, sondern in der gesamten Fauna ein Spiegelbild zu suchen, davon zeugen außerdem Millionen Tier-Videos im Internet. Am schnellsten verbreiten sie sich, wenn die tierischen Darsteller menschliche Züge zu zeigen scheinen. Kriegt der Amateurfilmer das nicht hin, so setzt er ihnen mindestens eine Sonnenbrille auf.

Doch Literatur und Spielfilm sind da längst weiter. Der erste sprechende Vierbeiner im Märchen war der böse Wolf, und im Film gilt Lassie schon seit 1943 als der Protoyp des übermenschlichen Hundes.

Wedelt der Hund, nachdem man ihn getadelt hat, beschwichtigend mit dem Schwanz, so interpretieren das einige Herrchen und Frauchen als Schuldbewusstein. »Er weiß ganz genau, warum ich schimpfe!« versichern sie einander, obwohl die Biologie etwas anderes lehrt. Doch die vorangegangene Missetat – diesmal das genüssliche Wälzen in einem toten Fisch – ist schon eine Viertelstunde her, und das Tier kann sich nicht mehr daran erinnern, auch wenn sein Herrchen die Bescherung jetzt erst riecht.

Davon abgesehen ist toter Fisch Chanel Nr. 5 für Hunde. Und auch andere Wertvorstellungen ihrer Besitzer teilen sie nicht, zum Beispiel, dass saubere Hosenbeine gute Hosenbeine sind. Unbeeindruckt von menschlichen Aufschreien springen sie mit matschigen Pfoten freudig daran hoch.

Vollkommen auf dem Irrweg ist der Hundebesitzer, der behauptet: »Mein Hund versteht alles!« Er schließt das daraus, dass sein Liebling die Ohren spitzt, mit dem Schwanz wedelt, bellt, jault, eine Augenbraue hebt, sich kratzt oder selbstverloren vor sich hinguckt, also praktisch aus jeder Regung. Diese werden vom Besitzer beliebig interpretiert: »Gell, die Merkel, die magst Du nicht?« »Siehst Du, er freut sich auch, dass Bayern München gewonnen hat!« »Guck, ihr gefällt mein neues Kleid!«

Auf Außenstehende wirkt diese Überzeugung ein wenig infantil. Doch ich gestehe, dass auch ich von dem Geplapper nicht wegkomme. So sehr ich mir schon Mühe gab, mich im Zusammensein mit meinem Hund auf knappe Befehle und Belobigungen zu beschränken – es klappt einfach nicht.

Spätestens, wenn ich anfange, ihn zu streicheln, bin ich wehrlos gegen den Unsinn, der meinem Mund entströmt: »Na, Du Schöne! Mein Wundertier! Mein Herzenswunsch! Oh, das hat sie aber gern! Du Urschel Du! Ach, mein kleines Viech! Ja fein! Fein!« Alles mit Ausrufezeichen.

Auf die Antwort meines Hundes kann ich allerdings verzichten. Tatsächlich ist es mir sogar ganz recht, dass er nicht plötzlich anfängt zu reden. Für Diskussionen habe ich ihn mir nicht angeschafft, eher für bedingungslose Kumpanei. Zugleich finde ich es schwierig, mir klarzumachen, dass er vom Inhalt meiner peinlich-zärtlichen Anreden rein gar nichts kapiert.

»Ach, sie schläft doch so schön!« sagt mein Liebster, wenn er unser Haustier in epischer Breite auf dem Sofa ausgestreckt sieht, und quetscht sich selbst in einen engen Stuhl. Für meinen Liebsten ist das ein Liebesbeweis, für den Hund nur ein Beweis, nämlich, dass er selbst nicht das rangniedrigste Rudelmitglied ist.

Die Vermenschlichung des Hundes kann auch grausige Züge tragen: Wenn ein Schoßhündchen in Kleidchen gestopft wird, in denen er sich nicht mehr frei bewegen kann. Wenn er viel mehr kuscheln muss, als er eigentlich will. Wenn er nur bei schönem Wetter vor die Tür kommt und stattdessen in ein Katzenklo machen muss, weil sein Mensch ungern bei Regen Gassi geht. Wenn sich seine Besitzer abends auf dem Sofa den Bauch mit Knabberzeug vollstopfen und der Hund ständig etwas abkriegt, weil er doch so süß bettelt. Wenn er parfümiert wird und dauernd auf dem Arm getragen. Wenn man dem Tier vorwirft, dass jegliches Fehlverhalten von ihm böse Absicht sei, und es dafür böse bestraft.

Doch meistens bleibt die Vermenschlichung des Hundes eher harmlos und ist letztlich entschuldbar, denn schließlich sind *homo sapiens* und *canis* über die Jahrtausende zusammengewachsen, weil sich ihr Sozialverhalten ähnelt.

Also, komm her, Viech! Haste einen schönen Tag gehabt? Was willste? Schmusen? Oder Leckerli?

Man kann nicht alles haben

Einen Hund zu halten, bedeutet für den Alltag des Besitzers ja eigentlich reichlich Zugewinn: Mehr Streichelfell, mehr Kumpanei, mehr Liebe, mehr rührende Momente, mehr Bewegung, mehr Kontakt, mehr Gelächter.

Aber wer spricht von dem vielfältigen Verzicht, den ein Hundehalter gegen diese Schätze eintauscht? Was er sich in Zukunft alles verkneifen muss, hat er sich angesichts seines niedlichen Welpen nur ansatzweise ausmalen können.

Doch spätestens nach einem halben Jahr weiß er Bescheid: Er wird nie mehr saubere Schuhe und saubere Fußböden genießen. Nie mehr ausschlafen oder einen Regentag auf dem Sofa vergammeln. Er kann auch keine Pantoffeln oder Wurstbrote mehr herumliegen lassen und keine Katzen kraulen, denn solange er einen Hund bei sich hat, werden sie ihm bestimmt nicht schnurrend um die Beine streichen.

Wenn der Hundehalter in einem Eigenheim lebt, wird er nie wieder seine Freunde in der Innenstadt besuchen, denn sie wohnen im achten Stock, und der Hund kann nicht Aufzug fahren, weil er das normalerweise nicht braucht.

Auch andere Beziehungsgefüge ändern sich schleichend, denn nicht jeder Kumpel, jeder Bekannte und jede Tante ist automatisch ein Freund der Tiere. Vielleicht schieben sie die feuchte Hundeschnauze angeekelt weg. Vielleicht haben sie Angst. Vielleicht eine Allergie. Unmerklich werden sich die privaten Kontakte hin zu anderen Hundehaltern verschieben, mit denen das Zusammensein halt einfach ist.

Richtige Risse können in einer Familie entstehen, wie bei einer Dame mittleren Alters, die erstmals Omi geworden ist. Wenn sie mit ihrem Boarder Collie die zartrosaflaumige Enkelin besuchen möchte, sagt ihr Sohn, der frischgebackene Vater: »Mama, immer wenn Du jetzt kommst, müssen wir vorher und hinterher saugen. Kannst Du den Hund nicht lieber zuhause lassen, solange das Baby noch so klein ist?« »Mich gibt es nicht ohne mein Tier!« antwortete die Dame empört, und jetzt haben sie einen Konflikt, der sich nicht leicht aus der Welt schaffen lässt.

Unmöglich ist für Hundebesitzer natürlich ein spontaner Kinobesuch oder die schnelle Entscheidung, nach dem Zahnarztbesuch noch Shoppen zu gehen. Zuhause wartet der Hund und man müsste erst die Nachbarin anrufen, ob sie ihn wenigstens kurz raus lässt, damit er seine Geschäfte erledigen kann. Und man bringt es nicht über das Herz, ihn ewig warten zu lassen. Deswegen fallen auch jegliche Hobbies flach, denen man in Turnhallen, Werkstätten, Fallschirmen oder auf Surfbrettern nachgeht, denn das Wesen des Hundes ist ja, dass er bei seinem Rudel sein darf. Und die freie Zeit, die man zu verteilen hat, ist eben nicht unendlich.

Dann brechen die Ferien an. Schiffsreise gefällig? Flugreise? Strandurlaub? Fünf-Sterne-Hotel? Ginge alles, wenn man den Hund derweil in einer Pension unterbringen kann und möchte. Denn schließlich will man seine schöne Urlaubszeit ja auch schön mit seinem Tier verbringen! Da wäre zum Beispiel an der Ostsee nur der kurze, abgelegene Hundestrand im Angebot. Leinenlose, lange Wanderungen am Meeresgestade erlaubt die Kurverwaltung allenfalls im November.

Am besten ist man in einer inländischen Ferienwohnung mit Terrasse aufgehoben. Da fährt man nicht so weit, und der Hund muss nicht in Quarantäne. Aber man kann mit ihm nicht stundenlang am See in der Sonne braten, und ins Naturkundemuseum darf er nicht mit hinein. Ein Vergnügungspark ist entschieden zu laut für seine empfindlichen Ohren und ausgedehnte Radtouren sind einem mitlaufenden Tier schon bei lauen 25 Grad nicht mehr zuzumuten.

Sollte ein Mensch ein chaotisches Leben führen, so ist dies als Hundebesitzer endgültig vorbei, denn der Rhythmus, in dem der Hund morgens, mittags, abends raus muss, ist mindestens über ein Jahrzehnt unerbittlich. Nur in den kurzen Zwischenzeiten könnte sich der Chaot noch ausleben, aber eben nach Stundenplan.

Es könnte sich außerdem rächen, wenn man dem Welpen nicht frühzeitig beigebracht hat, über verschiedenste Untergründe zu laufen, und dies weiter trainiert. Sonst steht man eines Tages vor einer Brücke, über die ein für vier Pfoten höchst unangenehmes Trittgitter führt, und man kommt einfach nicht mehr weiter. Das gleiche kann für klappernde Alu-Schwellen gelten, die vor Türen liegen, durch die man nicht laufen kann, weil der Hund sich sträubt, als habe er den Teufel gesehen. Wer dann kein Schosshündchen hat, das er leicht über Hürden hinwegheben kann, muss eben wieder nach Hause.

Ein knalliges Silvester wird der Hundebesitzer erst wieder feiern, wenn sein Hund alt und taub geworden ist. Bis dahin veranstaltet er seinen Jahreswechsel hübsch daheim, denn man kann seinen Liebling bei tausend über dem Haus explodierenden Raketen ja nicht allein seinem Schrecken überlassen.

»Wenn mein Hund eines Tages stirbt, schaffe ich mir keinen neuen an«, seufzt eine alleinlebende Mittdreißigerin. »Ich möchte mal wieder in eine Ausstellung oder eine weite Reise unternehmen. Und dann die Männer! Finde mal einen, der Lust auf Hundehaare auf dem Sofa hat!«

So oder ähnlich haben alle Hundebesitzer schon einmal geseufzt. Es ist ein Rätsel, warum es dennoch Millionen Wiederholungstäter gibt.

Dreck und Haare

Manche Hunderassen haben ja dieses herrlich lange Fell, in das man seine Finger graben kann und bei Kälte gern auch mal die eisigen Füße. Der Halter weiß natürlich, dass er diesen Pelz lebenslang täglich kämmen muss und nimmt es in Kauf.

Entsetzen breitet sich erst aus, wenn so ein Langhaarhund sein erstes Schlammbad nimmt. Hemmungslos wälzt er seine flockige Haarpracht darin, bis alle Fellfarben ins Dunkelgraue changieren, und alle Strähnen vor Dreck erstarrt sind. Ein Hund in dieser Verfassung muss dann eventuell das Auto besteigen und später mit Sicherheit quer durch die Wohnung ins Bad geleitet werden. Da braucht man nicht viel Fantasie, um sich vorzustellen, wie Auto, Flur, Badezimmer, Handtücher und die eigenen Klamotten aussehen.

Kurzhaarrassen sind in dieser Hinsicht praktischer, aber nur ein bisschen. Oft fällt der Dreck noch während des Spaziergangs wieder ab, zudem kann ein kurzes Fell nicht so viel Matschwasser speichern. Doch an den Pfoten klebt der lehmige Schmodder immer, und die betreten mehrmals täglich das Haus. Diese Fünf-Klecks-Abdrücke, die auf nahezu jeder Hundedecke, jedem Napf und jedem Dosenfutteretikett prangen, sind in Wirklichkeit überwiegend auf hellen Fliesen anzutreffen, und werden vom Hundehalter ärgerlich betrachtet.

Sie alle führen einen unterschiedlich hartnäckigen Kampf gegen den Schmutz, den ihre Vierbeiner einschleppen. Vielleicht sind jene, die in einer Etagenwohnung leben, noch am Besten dran. Denn nach drei emporgestiegenen Treppen klebt schon deutlich weniger Schotter, Sand und Staub an den Pfoten, bevor sie die Schwelle zum Heim übertreten. Schlimmer ist es in einem Einfamilienhaus, in dem der Hund ein- und ausgeht, wie es ihm gefällt.

Die Methoden, um effektive Schmutzbremsen möglichst gleich im Hausflur zu installieren, werden einander ähneln. Besonders bei regnerischem Wetter habe ich dauernd einen Schrubber neben der Garderobe stehen, über der Heizung hängt ein unschöner, zweiter Lappen und das Hundehandtuch.

Wenn die vierbeinige Dreckschleuder hereinkommt, muss ich die Tür zum Wohnzimmer schon geschlossen haben, sonst witscht sie gleich durch. Dann versuche ich jede Pfote des Zappelphilipps hochzuheben und wische sie mit dem feuchten Lappen ab. Oft weiß ich nicht mehr, welche Pfote ich schon hatte und welche nicht, denn der Hund dreht sich wie ein Brummkreisel. Er steht auf unterschiedlichen drei Beinen und möchte lieber mit dem Lappen spielen.

Diese Prozedur müsste man an Schlechtwettertagen zehn Mal wiederholen. Das klappt natürlich nie.

Mal steht eben doch die Wohnzimmertür auf, oder der Lappen für die Pfoten liegt unerreichbar weit weg in der Küche, denn er muss zwischendurch ja ausgespült werden. Oder man hat einfach alle Hände mit etwas Anderem voll und absolut keine Lust, jetzt wieder diesen Tanz aufzuführen.

Mit etwas Glück kann es geschehen, dass der Hund sich obendrein schüttelt, dann fliegen die Schmutztropfen bis hoch zur Hutablage. Unsere Flurwände weisen lauter schwarze Sprenkel auf, die ich alle halbe Jahre weiß überstreiche.

»Anfangs habe ich jeden Tag gesaugt und nachgewischt, aber Du wirst ja verrückt!«, sagt eine Königspudel-Besitzerin. Den hellen Wollteppich im Wohnzimmer hat sie schon abgeschafft. »Den konnten wir alle zwei Wochen reinigen lassen!«

Ohne Teppich auf Holzfußboden, das mag ja noch gehen. Aber wir haben im Erdgeschoss Kacheln, und das finde ich selbst im Namen der Reinlichkeit nicht sehr gemütlich. Also kaufte ich einen billigen Ikea-Teppich, doch dazu kann ich niemandem raten. Egal, welche Farbe er hat – er sieht in kürzester Zeit aus wie der Beton einer vielbefahrenen Straße. Manchmal kotzt so ein Hund ja auch das Gras aus, das er beim Gassigehen gefressen hat, und das gibt noch gelbe Stellen dazu.

Ich habe lange recherchiert, liebe Hundehalter, und kann jetzt den ultimativen Tipp geben: Im Internet findet man Schmutzfangmatten, die in Größe und Design von modernen Teppichen nicht mehr zu unterscheiden sind. Zwar sind sie nicht ganz billig, aber extrem haltbar. Man kann sie in die Waschmaschine stecken oder über dem Gartenzaun hängend mit dem Kärcher abspritzen. Sie sehen danach wieder aus wie neu.

Um zum Anfang zurückzukehren: Die Hundehaare sind ja das Schlimmste. Für die Entfernung derselben aus Sofas, Teppichen und Kleidung hat die Tierbedarfsindustrie die fantasievollsten Bürsten entwickelt. Jeder Hundehalter hat gewiss ein ganzes Arsenal davon, meistens sind sie binnen Kurzem von Haaren vollkommen zugesetzt. Schwarze Pullover und Stoffhosen müssen aus dem Kleiderschrank verbannt werden. Hundehaare pieken sich derart in die Wolle, da hilft auch der hundertste Waschgang nicht.

Man erwirbt dann vielleicht noch ein Zusatzteil für den Staubsauger, doch den Kampf gewinnt man nie.

Nach Kenntnisnahme obiger Fakten sollten Menschen mit zwanghaftem Putztrieb von der Haltung eines Hundes absehen, denn es wird daheim einfach nie mehr sauber sein. Menschen mit Putzlust dagegen – die könnten an so einem Tier ihren Spaß haben.

Die No-Go-Area namens Küche

Bevor man sich einen Hund anschafft, ist es natürlich sinnvoll, darüber nachzudenken, was er in Zukunft nicht dürfen soll. Manche Leute finden, ein Hund im Badezimmer sei unhygienisch. Andere schaffen es, ihren Vierbeiner auf Dauer von der Küche fernzuhalten, ausgerechnet dem Raum, der ihn magischer anzieht als jeder andere.

Anfangs war auch ich der Meinung, ein Hund habe in der Küche nichts zu suchen. Tiefschürfende Gründe hatte ich dafür nicht. Es klang nur irgendwie gut nach planvollem, kundigem Hundehalter, der die volle Kontrolle über die Nahrungszufuhr behält.

Doch als ich Tomaten schnitt, konnte ich dem Blick des Welpen nicht widerstehen, von dem nur ein Auge und ein Ohr um die Küchenecke lugte, denn ich hatte ihn in den Flur verbannt und einen Wäscheständer als Gitterersatz quer vor die Tür gestellt. Das Auge glänzte mich sehnsüchtig an. »Komm schon rein, Viech«, knurrte ich. »Aber wehe, Du läufst mir zwischen die Füße! Und wehe, Du bettelst! Und wehe, Du wühlst im Mülleimer!«

So schnell kann ich Vorsätze umstoßen, dabei bin ich eine erwachsene Frau. Ich machte das wieder gut, indem ich dem Welpen einen Platz anwies, wo er sich abzulegen hatte, mit etwas Abstand zu allen Schränken. Es war einfach netter, zusammen zu kochen, und ich drehte mich gerne um und sah den Hund da liegen.

Er war noch kein halbes Jahr alt, als uns Freunde zu einem Gartenfest einluden. Das üppige Buffet war in der Küche aufgebaut. »Weg da!« rief die Freundin, als mein schwanzwedelndes Nasentier die lange Tafel von unten inspizierte. Kurz darauf versammelten wir uns im Garten, um einander mit Prosecco zuzuprosten, und ich fragte: »Wo ist der Hund?«

Die Antwort kam aus der Terrassentür geschossen, ein Junghund mit einem ganzen Pfund Schinken zwischen den Zähnen. Die Scheiben hingen links und rechts aus seinem Maul. Er machte einen Bogen um unsere im Prost erstarrte Gruppe, rannte mit wehenden Ohren weiter bis in den letzten Winkel des Gartens, legte sich mit dem Hinterteil zu uns auf den Rasen und begann hastig zu kauen. »Das hat er noch nie gemacht!« schwor ich den klassischen Schwur aller Hundehalter.

Ich wollte ihm die Beute wieder abjagen. Aber alle lachten: »Lass doch, das kann sowieso keiner mehr essen.« Es war ohnehin schon verschlungen. Für den Rest des Gartenfestes kam der Missetäter an die Leine.

Alle Küchendämme brachen, als wir über das Wochenende Onkel und Tante besuchten. Ihr letzter Hund war schon lange tot, aber meiner nahm ohne Umschweife den verwaisten Platz in der Küche ein: Genau mittig, wo alle kreuzten, die von Spüle zu Herd und

Kühlschrank mussten. Denn mein alter Onkel nahm augenblicklich den Brauch wieder auf, den er mit all seinen Tieren gepflegt hatte: Er warf ihm Speckränder zu, Käseecken, Fleischreste, und mein Hund saß vollkommen still, war hoch konzentriert und machte nur alle paar Minuten »Schnapp!« So wurden mein Onkel und mein Hund schweigend und ohne Aufsehen zu einem untrennbaren Gespann.

Meine Proteste fruchteten nichts. Daher kam es, wie es schon in meiner Kindheit gewesen war: Der Hund leckte die gebrauchten Teller in der offenen Spülmaschine aus, und niemand schritt ein.

Fortan wendete er die neu erlernten Sitten auch in unserer eigenen Küche an. Seitdem liegt oder sitzt er dort ruhig, aber nachdrücklich im Weg. Er muss unter Nackensteife leiden, so unverwandt starrt er auf meine Hände, wenn ich Hackfleisch zu Frikadellen verarbeite.

Ich gebe ihm nie etwas, außer manchmal ein Würstchenstück oder eine leicht silbrige Scheibe Salami. Das reicht, um das Interesse wachzuhalten. Zudem fällt beim Kochen ja immer mal was herunter, und mein Hund und ich stehen im dauernden Wettstreit, wer sich schneller danach bücken kann. Daher weiß ich jetzt auch, dass er gerne Äpfel isst, Madarinen und sogar Orangen.

Steht der Mülleimer offen, und es fliegen abgegessene Eisbeinknochen hinein, dann kann ich den wachsenden Druck an meinem Bein spüren, den mein Vierbeiner ausübt, der sich möglichst unauffällig an mir vorbei schlängeln will. Ich muss leider sagen, das stört mich überhaupt nicht, manchmal kriege ich sogar einen Lachanfall. Gewinnen lasse ich ihn den Kampf um den Mülleimer nie. Auch dreckiges Geschirr in der Spülmaschine auszulecken, kommt nicht in Frage. Und die Arbeitsflächen sind so hoch, dass er mit der Nase nicht dran kommt.

Nun ist mein Hund schon drei Jahre alt, aber er lernt offenbar nicht aus. Kürzlich hatte ich ein Baguette gekauft, es lag in einer Papiertüte neben der Küchenspüle. Dann ging ich duschen. Zwischen dem Wasserplätschergeräuschen meinte ich einmal etwas rascheln zu hören, aber das konnte eigentlich nicht sein.

Als ich fertig angezogen das Wohnzimmer betrat, lag der Räuber auf seinem Kissen, hatte die Weißbrotstange halb aufgefressen und guckte mich unfroh an, als ich ihm die andere Hälfte wegriss. Er musste erstmals mit den Vorderpfoten auf der Küchenarbeitsfläche gestanden haben. Schimpfen hatte keinen Sinn mehr.

Ich höre alle konsequenten Hundehalter rufen: Selber schuld!

Autofahren

Gelegentlich sieht man spritzige Fotos von struppigen Hunden, die während der Autofahrt ihre Nase aus dem Fenster stecken, dabei die Lefzen im Wind flattern lassen, und es sichtlich genießen. Ich aber hatte den Zonk: Mein Hund musste im Auto immer kotzen. Dabei hatte ich schon den Welpen vorsichtig an die rollende Tuckermaschine gewöhnt, verlockte ihn mit Leberwurst zu einem beherzten Sprung in den Kofferraum, bin zunächst gar nicht losgefahren, dann nur eine Minute um den Block – das ganze Erziehungsprogramm, Schrittchen für Schrittchen.

Im ersten Jahr kam ich keine zwei Kilometer weit, bis ich im Nacken das Würgen spürte, dann bebte das ganze Tier rhythmisch und erbrach eine glibbrige Masse aus Spucke und Speiseresten auf das Handtuch, auf dem es saß. Noch schneller reagierte es, wenn wir über Kopfsteinpflaster holperten.

Früher fuhr ich lässig, einen Arm aus dem Fenster, ein Bein angewinkelt, das Lenkrad nur mit der Fingerspitze gehalten. Jetzt war ich ein verspanntes, hochnervöses Bündel, das seine Augen vorn hatte, aber seine Antennen hinten. Im Rückspiegel versuchte ich zu erkennen, ob meinen Hund bereits diese langen Stressspuckefäden aus dem Maul tropften, und von dort auf die Rückseite der Sitze, auf meinen Mantelkragen, auf die Innenverkleidung.

Wenn sie dann kotzte – um es beim Namen zu nennen, so war ich gezwungen, immer weiterzufahren, denn eine Vollbremsung ist im Stadtverkehr selten möglich. Ein Parkplatz musste gefunden, der Hund rausgeschafft und angeleint werden. Dann das Handtuch mit dem Mageninhalt darauf entweder am Straßenrand auskippen oder in einen Mülleimer. Man kriegt das Auto nie ganz sauber. Es riecht außerdem säuerlich.

Mein Hund wollte überhaupt nicht mehr einsteigen.

Die Tierärztin sagte: »Sie wird sich daran gewöhnen. Achten Sie darauf, dass sie beim Fahren nur nach vorn und hinten, nicht aber seitlich hinausgucken kann.« Das geht aber bei meinem Kleinstwagen sowieso nicht.

Ich entschied mich dafür, das Trainingsprogramm noch einmal ganz von vorn zu beginnen. Wieder Leberwurst, wieder in den Kofferraum locken, wieder nicht losfahren und so weiter. Vor jeder einzelnen Kurve bremste ich ab, nahm diese im Schritttempo und konnte mir lebhaft vorstellen, wie die Autofahrer hinter mir über die Ommi am Steuer fluchten. Am Ende des zweiten Jahres konnte ich sagen, dass mein Hund einigermaßen problemlos Auto fuhr, und ich mich am Steuer endlich wieder zurücksinken ließ, Ellenbogen aus dem Fenster.

Doch das sind nicht die einzigen Schwierigkeiten beim Autofahren mit Hund. Im Winter zum Beispiel habe ich für mein kurzhaariges Viech ohne Unterwolle eine elektrische Heizmatte im Kofferraum, denn wenn wir morgens losfahren, sind es minus sechs Grad, und der Hund wäre schon erfroren, bevor wir die Felder erreichen. Das Heizen wiederum kostet Batterie, und damit die sich auflädt, fahre ich längere Strecken als gewöhnlich.

Wenn es regnet, beschlagen durch uns zwei triefnasse Gestalten die Frontscheiben derart, dass das Gebläse nicht mehr damit fertig wird. Lasse ich den feuchten Hund obendrein noch zehn Minuten im Auto, um Einkaufen zu gehen, dann sind alle Scheiben blind, und ich muss minutenlang lüften und wischen, bevor ich starten kann. Aus der Parklücke heraus komme ich am besten nach rechts, denn links hinten sitzt leider mein Vierbeiner und versperrt die Sicht auf alles dahinter.

Und das Leiden im Sommer ist ja allseits bekannt: Bloß kein Tier im Auto lassen! Das bedeutet: Nach dem Spaziergang erst nach Hause, Viech ausladen und dann noch eine Extratour zum Einkaufen.

Es kommt vor, dass meine Hündin während der Fahrt draußen einen Feind entdeckt, dann bellt sie mir hemmungslos ins Ohr, bis mein Trommelfell explodiert, als ob sie genau wüsste, dass ich die Hände nicht vom Lenkrad nehmen und mich nicht zu ihr umdrehen kann.

Nicht auszudenken, wenn der Feind *mit* Auto sitzt. Im Frühjahr hatten wir unsere große Runde durch Wald und Feld gerade beendet, da spitzte mein Hund die Ohren. Jetzt erkannte auch ich den Frischling am Straßenrand. Immer wieder lief er auf die Mitte der Landstraße. Autos zischten heran und bremsten.

Ein Busfahrer sagte aus dem offenen Fenster: »Det jeet schon den janzen Morjen so!«

Somit war klar, dass das Miniwildschwein seine Mutter verloren hatte. Viel zu gefährlich für den Verkehr, es hier zurückzulassen. Also verstaute ich meinen Hund kurzerhand auf dem Vordersitz und ging los, den Frischling einfangen. Er strampelte und schrie, als ich ihn den Kofferraum wuchtete. Bis zur nächsten Tierarztpraxis war es nur einen Kilometer weit. Hinten bockte das panische Wildtier, neben mir geiferte und jaulte der Jagdhund.

Es gibt aber auch etwas Beglückendes, wenn mein Hund und ich Auto fahren. Irgendwann schnüffelt nämlich etwas an meinem rechten Ohr, und dann hebe ich meinen Arm, lege meine offene Hand über die Rücklehne flach unter den Hundekopf und spüre, wie dessen Gewicht einsinkt, einschließlich der feuchten Lefzen. So abgestützt kann der Schlappohrenkopf wunderbar bequem vorne rausgucken.

Hintenrum

Unsere Gesellschaft ist ja nicht mehr prüde. Auf Plakatwänden wird für Tampons geworben und Männer präsentieren sich in Stringtangas. Aber im Alltag, mit entfernten Bekannten oder auf dem Wochenmarkt erörtert man persönliche Details des Geschlechtslebens dann doch nicht so gern. Besonders in der Großstadt, in der man – vom Zoo einmal abgesehen – kaum jemals ein Säugetier zu Gesicht bekommt, wären die Vögeleien von Schafen, Kühen, Ziegen und Schweinen, mit denen Viehbauern alltäglich umgehen, nicht nur für Kinder ein gelinde gesagt recht ungewohnter Anblick.

Hat man allerdings mit Hunden zu tun, so kommt man um offen zur Schau getragene primäre Geschlechtsteile nicht herum. Nähert sich ein fremder Mensch mit Vierbeiner, bückt man sich gewöhnlich leicht und prüft mit einem Blick zwischen die Hinterbeine des Letzteren, ob dort eine kleine, pelzige Pistole schaukelt. »Isses'n Rüde?«

Ständig muss man ertragen, dass der hier Gemeinte andere Hunde öffentlich beschnuppert, hinten, unter dem Schwanz, ganz dicht dran an flaumbehaarten Hoden oder gewölbten Schamlippen. Mit dem Hochglanzplakat eines nackten Weibchens kann man einen Rüden halt nicht entzücken; er ist ein Nasentier.

Man möchte sich nicht vorstellen, wie es wäre, wenn Menschen einander so begrüßen, zum Beispiel in einer Fußgängerzone. Dem fremden Hundebesitzer verschweigt man diese Überlegung, um nur ja kein gemeinsames Kopfkino zu beschwören.

Wie peinlich es einer älteren Dame sein kann, einen dieser übereifrigen Männchen an der Leine zu führen, die jedes Weibchen besteigen wollen, das in ihre Nähe kommt. Und ständig dieser aus was auch immer für Gründen errigierte Penis, der sich knallrotrosaglänzend vom Fell abhebt.

Oder die eigene Hündin sitzt wie eine Verrenkungskünstlerin auf dem Teppich und leckt sich hingebungsvoll die Möse, während Kaffeebesuch da ist. Soll man jetzt noch die Aufmerksamkeit darauf lenken, indem man ihr das untersagt? Ist man dann uncool?

Cool wirken sie natürlich, die Hundebesitzer, wenn sie zusammenstehen und zuschauen, wie ihre Lieblinge sich umeinanderdrehen. Um zu demonstrieren, wie weit weg man selbst von dieser Geschlechterschnüffelei ist, plaudert man mit einem völlig anderen Thema darüber hinweg.

Wollen Riecherei oder Aufreitversuche gar nicht mehr enden, gibt man höchstens ein halbernst mahnendes »Na!« von sich. Gleichzeitig ist es möglich, dass man den Hunden ihr schuldig-unschuldiges Treiben heimlich von Herzen gönnt.

Aber dann kommt die Hitze! Plötzlich tropft es hinten aus dem Weibchen blutrot auf die Bodenkacheln an der Bushaltestelle. Das lässt sich weniger leicht wegplaudern als eine überlebensgroße Tamponwerbung an einem Hochhaus.

Und die Rüden draußen auf dem Feld traben mit hochaufgerichtetem Schwanz und gespitzten Ohren locker, aber zielsicher auf dieses Weibchen zu, aus welcher Entfernung auch immer. Mit ihrem unwiderstehlichen Duft in der Nase wird ausnahmslos jeder zum Don Juan, egal wie klein oder hässlich er ist.

In der ersten Woche schnappt das Weibchen noch alle weg. »Ich würde auch nicht auf das heftige Schwanzwedeln der Süßholzraspler hereinfallen, denn ihr stierer Blick verrät, dass sie nur das Eine wollen«, belehre ich mit erhobenem Zeigefinger meine Hündin.

»Sie ist läufig« muss man nun lauthals von Weitem verkünden, damit Rüdenbesitzer ihr hechelndes Tier an die Leine nehmen, bevor es durchdreht. Mit anderen Weibchenbesitzern wird diskutiert, wie groß die Schamlippen angeschwollen sind. Detailreich erörtert man das Für und Wider von Kastration und Sterilisation. Es fallen Begriffe wie »Gebärmutter« und »Samenstränge«, betont sachlich gesprochen, manchmal auch auf Latein. Man lernt, dass chemisch kastrierte Rüden nur noch winzige Eierchen haben.

»Trägt sie zuhause ein Höschen?« fragt ein Herr mit einem kopulierwilligen Pinscher, der sich an der Leine fast erhängt.

Das läufige Weibchen drängt sich währendessen eng an die Beine ihres Besitzers. »Woran merkt man eigentlich, dass sie paarungsbereit ist?«

»Man muss direkt über der Rute streicheln. Nimmt sie darauf den Schwanz zur Seite, dann ist das Gefahrenstufe Rot.«

Ja, solche eindeutigen Hinweise zur sexuellen Stimulierung könnte man in der Menschenwelt gelegentlich auch gut gebrauchen, aber hier unter den Hundebesitzern werden sie im allernüchternsten Ton verhandelt, damit nur niemand irgendetwas zweideutig versteht.

Schnell sind diese gefährlichen Tage gekommen, an denen die eigene Hündin jedem noch so räudigen Rüden hinterher stiefelt, auch wenn man selbst am Liebsten hochgeschlossen geht. Das aufdringliche Darbieten ihres willigen Hinterteils und die augenblickliche Erektion beim Rüden kann schüchternen Hündinnenbesitzern rote Ohren bereiten, und sie müssen sehr schnell reagieren, bevor das vierbeinige Liebespaar sich einig ist. Damit es nicht in aller Öffentlichkeit zum Äußersten kommt, suchen sie sich wochenlang einsame Wege.

Aber weil wir ja nicht prüde sind, schwirren im Internet garantiert schon zahlreiche Handyvideos von Kopulationen herum.

Wir müssen zum Tierarzt

Das Gute beim Besuch des Tierarztes ist, dass man selbst nichts hat. Aber der Hund. Hinkt, guckt kläglich, frisst nicht, erbricht sich, produziert wässrigen Durchfall, juckt sich, reibt Eiter aus dem Auge, schüttelt den Kopf wie irre.

Man sitzt im Wartezimmer, der Hund drängt sich gegen die Schienbeine, man spürt durch die Hose, wie er schlottert.

Undankbare Patienten sind das Schicksal jedes Tierarztes. Der Hund will nichts wie raus hier, denn er kennt das Procedere schon: Im Behandlungsraum nur kalte Kacheln und Metall, Menschen mit seltsamen Geräten, die pieksen, sich in sein Ohr bohren, oder ihm etwas in die Nase spritzen. Nichts davon kommt ihm aus der Natur bekannt vor.

Sein Halter sollte ihm jetzt vermitteln, dass die Lage trotzdem undramatisch ist, und der Hund so ruhig bleiben kann wie er selbst. Leider kennt jeder Tierarzt viele Leute, die das nicht fertig bringen. Wenn ihr Liebling jault, jaulen sie mit, und schnappt er nach dem Mann im weißen Kittel, dann trösten sie ihn – den Hund.

Der Veterinär sagt dann eventuell höflich: »Vielleicht sollten Sie das Tier nicht auch noch bestätigen. Sonst schnappt er bei der nächsten Impfung nicht, sondern beißt gleich zu.«

»Ach!« stöhnen diese Hundebesitzer dann in hohen Tönen: »Herr Doktor! Püppi leidet doch so!«

Püppi fiept, knurrt, jappst und kläfft, weil offenbar auch sein Halter in höchster Not ist, und er selbst nun ganz allein ihrer beider Feind bekämpfen muss. Und »krapp!« hängt dem Tierarzt das Viech am Unterarm und lässt sich nicht mehr abschütteln.

Doch auch für vernünftigere Hundehalter ist es schwer, Contenance zu wahren, wenn ihr Hund Schmerzen hat. Könnte eine gute Fee ermöglichen, dass meiner für zwei Minuten Hochdeutsch versteht, so würde ich die gesamte Zeit dafür nutzen, ihm zu erklären, dass Tierarztpraxen eine gute Erfindung sind.

Mein Hund ist noch jung, er springt über die Felder wie eine Antilope. Bisher haben wir nur kleine Behandlungen durchgestanden, betäubte Augen, um Grassamen zu entfernen, ein entzündetes Ohr. »Alles bestens«, sagt der Tierarzt, wenn ich Wurmtabletten hole, und eitel wie ich bin, beziehe ich das Lob auf meine artgerechte Haltung.

Andere Vierbeiner aber leiden unter vergrößerten Herzen, Atemnot oder komplizierten Kreuzbandrissen. Auf einmal verwandelt sich das Leben mit Hund in ein Hundeleben. Das Fell voller Schwären wegen einer schweren Allergie, ständig Tabletten, Harninkontinenz, Leberschäden nach einer Vergiftung ... Eines Tages wird eine Operation notwendig.

Wenn die Narkose-Spritze wirkt, sackt der Hund mit

den eben noch panisch aufgerissenen Augen binnen einer Sekunde auf dem Behandlungstisch zusammen. Man soll nun gehen, das Tier wehrlos dem Skalpell überlassen, und darf es erst nachmittags abholen, wenn es einigermaßen wach ist.

Stunden später, in denen man sich total verlassen fühlte, torkelt einem ein verbundenes Häuflein entgegen. »Der Schwanzwedel-Reflex funktioniert schon wieder!« sagt fröhlich der Tierarzt, während man selbst seinen kleinen Finger hergeben würde, könnte man die frische Operationsnarbe zum Verschwinden bringen und dem Hund dieses völlig Zugekiffte aus den Augen wischen.

Er schwankt beim Laufen und braucht Stütze, sinkt zuhause sofort auf sein Bett, schläft, zittert, trinkt, schläft, zittert, trinkt, schläft, zittert, trinkt die ganze Nacht durch.

Man liegt auf Sofakissen gebettet daneben auf dem harten Boden, und jedes Beben des operierten Lieblings durchläuft den eigenen Körper als glühendrote Spur. Man weiß nicht mehr, wie man ihn anfassen soll und muss aufpassen, dass er nicht springt, fällt, am Verband nagt. Man versucht, in seinen Augen zu lesen, was er fühlt. Man kriegt keine Antwort, beobachtet nur diesen überlangsamen, wackligen Gang und versucht, dem Patienten Zuversicht zu vermitteln.

Im hohen Alter oder bei einer schweren Erkrankung stellt sich irgendwann die Frage, ob man seinen Lebensbegleiter nicht besser vom Tierarzt sanft ins Jenseits schubsen lassen sollte. Das ist ein Tag, der jeden Hundehalter erschüttert.

Bestimmt gibt es keinen idealen Zeitpunkt. Aber bei einem Münsterländer, dessen Nase vom Krebs zerfressen wurde, dem man über mehrere Jahre Chemotherapien zumutete, für die man hunderte Kilometer in eine Spezialklinik fahren musste, inklusive Anfahrt, Hotel und Chefarztbehandlung, Gesamtkosten rund zehntausend Euro, wurde dieser Zeitpunkt eindeutig verpasst.

Und die Halterin steht im Park neben ihrem Tier, das statt einer Nase nur noch einen fleischigen Stumpf hat und Futter aus dem Napf nicht mehr fressen kann, weil ihm das so weh tut, und sagt: »Guck, er läuft ja noch wunderbar mit spazieren!«

Jeder weiß, dass Tiere ihre Schmerzen so lange verbergen, wie es irgend geht. Ich war schon öfter umsonst beim Tierarzt, weil ich absolut nicht einschätzen konnte, ob eine Krankheit vorlag oder nicht. Vielleicht bin ich ja ein Hubschrauber-Hundehalter. Egal. Wenn der Tierarzt aber eines Tages sagen würde, es sei soweit, dann würde ich mit meinem Hund pünktlich zum Termin antreten.

(… und schleppte von dort meine Seele als Trümmerhaufen weg.)

Der Hundehalter ist krank

Wer sich einen Hund anschafft, der schaut fröhlich voraus auf eine lange, gemeinsame Lebenszeit. Nicht nur den Vierbeiner sieht man in dieser Zukunft kerngesund herumhüpfen, sondern selbstverständlich auch sich selbst.

Aber dieses strahlende Bild kann schon nach Wochen zerspringen, wie eine ältere Dame mit einem Bulldoggenwelpen zu berichten weiß. Kaum, dass sie angefangen hatte, ihrem tappsigen, neuen Freund die wichtigsten Befehle beizubringen, brach sie sich bei einem Treppensturz den Fuß.

Die ältere Dame kam geradeso mit ihren Krücken zurecht, mit dem quirligen Welpen leider nicht. Der musste übergangsweise in eine andere Stadt umziehen, zu ihrem Sohn, welcher dort mit Familie lebte. Drei Monate später, als die Dame wieder sicher laufen konnte, kehrte ihr Freund zu ihr zurück. Er war im besten Junghundalter, schon recht massig geworden. Die alten Befehle waren vergessen, neue hatte ihm keiner beigebracht und Respekt vor Menschen fehlte. Sie erkannten einander nicht wieder.

Es muss ähnlich schlimm kommen, bevor ein treuer Hundehalter mit seinem Viech nicht mehr Gassi geht. Ich habe schon Leute mit glühendem Fieber auf den

Feldern getroffen, mit Magenschmerzen und Windpocken.

Die Hunde interessieren solche Mankos nicht. Vielleicht wedeln sie einmal mitleidig mit dem Schwanz, aber sonst wollen sie raus, rennen, balgen, spielen wie jeden Tag, und zwar mindestens zweimal.

Alles vielleicht kein Problem, wenn man Familie hat, aber ein dickes für jeden anderen Erkrankten. Denn nichts ist so ungünstig für die Genesung wie ein unausgelasteter, zappeliger Hund, der die Papierkörbe ausräumt, bevor er sich über den Handfeger hermacht, und zwischendurch mit einem Spielzeug im Maul vor seinem siechenden Herrchen herumspringt. Nicht Gassi zu gehen, geht einfach nicht. Also sammelt man seine schmerzenden Knochen zusammen und greift mit hämmerndem Kopf nach der Leine.

Wohl dem Hundehalter, der solche Lebenslagen voraussieht und Vorsorge betreibt, wie zum Beispiel mir! Es gibt in meinem näheren Umfeld gleich drei Hunde, die ich gelegentlich mit zum Spaziergang nehme, oder die mal einen ganzen Tag bei uns Zuhause verbringen, wenn deren Halter verhindert sind. Ich verlange nie etwas dafür, und alle drei Halter sind mir zutiefst dankbar.

Im Hinterkopf habe ich aber stets, dass einmal Zahltag sein wird. Man kennt eben nur den Moment nicht, in dem das Schicksal zuschlägt, und man mit einem Ruck aus dem Alltag befördert wird.

Meiner ist gar nicht lange her: Ich bückte mich, um den Hund zu streicheln, verlor irgendwie das Gleichgewicht, sank gegen eine Mauerecke und hörte es knacken. Dann ging ich zu Boden, weil ich plötzlich vor Schmerz keine Luft mehr bekam.

Die Chirurgin in der Notaufnahme diagnostizierte eine Rippenprellung. Und ich erfuhr von ihr auch gleich, dass Hundehalter zwar seltener an Herz-Kreislaufkrankheiten leiden als der Durchschnittsbürger, es bei ihnen jedoch häufiger zu Knochenbrüchen, Verstauchungen und Bänderrissen kommt. »Besonders ältere Frauen mit zu großen Hunden!«, sagte sie seufzend und schaute auf mein Röntgenbild. (Meinte sie etwa mich?)

»Aber bestimmt sind Hundehalter schneller wieder auf den Beinen!«, triumphierte ich.

Zunächst war ich jedenfalls außer Gefecht gesetzt. Auf dem Rücken liegend ging es mir noch am Besten, doch so kann man keinen Hund ausführen. Mein Liebster konnte nur die kleine Abendrunde übernehmen.

Jetzt erntete ich die Früchte, deren Samen ich gesät hatte: Mehrere Tage lang wurde mein Hund zweimal täglich abgeholt und nach einer Stunde bestens ausgetobt wieder abgeliefert. Und ich konnte mich damit begnügen, im Liegen zu versuchen, ihm ein neues Kunststück beizubringen, damit er auch noch etwas von mir hatte und ich von ihm.

Man darf die Hilfsbereitschaft anderer nicht überdehnen. Sobald ich unter dem Einfluss von Schmerztabletten wieder aufrecht stehen konnte, zog ich mir stöhnend die Gummistiefel an, um die morgendliche Gassirunde wieder selbst zu übernehmen. Und so trippelte ich, die sonst fünf Kilometer in einer Stunde marschiert, mit zaghaften Schrittchen hinter meinem Hund her, der glücklich über die Felder sauste. Ich warf ihm sogar den Ball zu, obwohl jedes Armausholen eine Leidensgeschichte war.

»Du bist doch bescheuert«, sagte die Nachbarin, als ich schmerzverzerrt heimkehrte. Aber das ist eben die Kehrseite der Verantwortung, die ein Hundehalter übernommen hat.

Tragisch ist es, wenn er ihr nie mehr nachkommen kann, wie der junge, stille Mann mit seinem weißen Retriever, dem ich früher manchmal begegnete. Dann nickten wir uns zu.

Eines Morgens entdeckte ich in der Ferne seinen Hund, aber nicht das Herrchen. Als ich näher kam, erhob sich dieser gerade aus dem hohen Gras am Wegesrand. Ich wunderte mich, weshalb er sich dort hingesetzt hatte, aber winkte nur freundlich und ging weiter.

Kurz darauf erfuhr ich von einer anderen Hundehalterin, dass der junge Mann mit Krebs im Endstadium im Krankenhaus lag. Was mit seinem Hund war, wusste keiner.

Dagegen verblasst jeder Schmerz zum Wehwehchen. Und ich beklage mich nie mehr und drehe tapfer meine Hunderunden, und kann ja froh sein, dass es zwickt und zwackt.

Hinterlassenschaften

Es werden ja die abartigsten Hunde gezüchtet, aber leider ist noch keiner dabei, der auf Verdauung verzichten kann. Folglich haben Hundebesitzer auch in Zukunft mit den Hinterlassenschaften ihrer Lieblinge zu tun. Zwei bis drei Häufchen täglich machen monatlich sechzig bis neunzig und jährlich siebenhundertzwanzig bis tausendachtzig warme, weiche, braune Bioabfälle.

Wohl dem, der in der freien Natur Gassi geht, wo der Hund sich in die Büsche schlagen kann, sich krümmt und spannt und dann erleichtert zurückgehüpft kommt. Man kann einfach weiter laufen und sich freuen, dass dieser Programmpunkt für den heutigen Morgen abgehakt ist.

In der Stadt und in Parks geht das so natürlich nicht, obwohl viele Hundebesitzer dies nicht einsehen, nicht mal dann, wenn sie selbst schon in die Scheiße getreten sind. Ein Gärtner, der mit diesem Ärgernis ständig zu tun hat, schnauft erbost: »Die mit ihren Alibi-Tüten«, wobei er »Al*i*bi« auf der zweiten Silbe betont. Er meint die Kackbeutel, die jeder Hundebesitzer bei sich führt, beziehungsweise führen muss.

Der Gärtner hat einerseits recht, kann andererseits aber nicht wissen, dass sie nicht immer die Lösung sind. Zum Beispiel dann nicht, wenn der Hund flüssigen

Durchfall hat. Und auch nicht, wenn man noch eine gute Strecke zurückzulegen hat, aber weit und breit kein Mülleimer offen steht. Sind Sie schon mal längere Zeit mit einer Tüte kalt werdender Kacke in der Hand gelaufen? Der Arm wird immer steifer, und in die Jackentasche will man sie ja nicht packen.

Die überaus emsige Haustierbedarfsindustrie hat eine sagenhafte Auswahl an Kacktüten produziert. Es gibt sie in allen Farben und Größen, in bunten Behälterchen, die man an die Leine knüpfen kann, aus Pappe und recycelbarem Plastik. Man kann aber auch für siebzig Cent eine Rolle Butterbrottüten beim Discounter kaufen, da sind hundert Stück drauf.

Das Thema »Hundekot« ist in der Stadt ein Aufregungs-Evergreen. Deswegen steuert ein Hundebesitzer die Klumpen, die sein Tier auf eine Liegewiese gesetzt hat, betont auffällig an. Er fühlt, wie sich in seinen Rücken die Blicke misstrauischer Passanten bohren. Sie warten nur darauf, ihn anschnauzen zu können.

Dass ihr Zorn auch dann nicht nachlässt, wenn sie beobachten, wie der Hundebesitzer mit geübtem Griff den Haufen mit der Tüte umfasst und diese verknotet, lässt auf eine gewisse Sturheit, Intoleranz und Lust an der eigenen Wut schließen. Ganz bestimmt haben sie noch nie ein Kaugummipapier fallen gelassen oder eine halbleere Dose Lack in den Hausmüll geschmissen.

Andererseits kämen sie nicht auf die Idee, einen Hundebesitzer zu loben, der die Kacktüte zuhause vergessen hat und sich nun in der Umgebung große Blätter zusammensucht, mit dernen er die Würstchen wie eine Kohlroulade umwickelt, um sie dann mit Schmackes ins Gebüsch zu werfen, während er Gefahr läuft, dass die Erdanziehung schon vorher zuschlägt und ihm die Sache in kleinen Bröckchen auf die Schuhe fällt. Selber schuld, grölen vereinzelte Mitbürger angesichts dieses Missgeschicks innerlich.

Es muss allerdings eine Menge Leute geben, die selber Häufchen in die Landschaft setzen, das weiß ich, weil mein Hund im ersten Lebensjahr noch jeden davon aufgespürt und gefressen hat. Und sie konnten nicht von einem Wildschwein stammen, denn es lag immer ein benutztes Papiertaschentuch daneben.

Hundehaufen sind lästig und ärgerlich, zerstörerisch aber ist der Urin. Wieviel Liter davon ein Hund pro Jahr absetzt, kann ich leider nicht ausrechnen, eines aber weiß ich genau: Jedes Mal, wenn meine Hündin auf unseren Rasen pinkelt, verfärbt sich das Gras dort gelb und stirbt alsbald lautlos an einer Harnstoffüberdosis.

Mein Fehler, dass ich dem Hund das Pieseln in unserem Garten nicht von Anbeginn untersagt habe – aus Faulheit, wie ich zugeben muss, um mir einen frühmorgendlichen Gassigang im Schlafanzug zu ersparen.

Doch der Anteil an Arbeit in der Welt bleibt immer gleich: Wir haben jetzt eine Gießkanne auf der Terrasse stehen und springen jedesmal auf, wenn die Hündin ins

Gras strullt. Starr heften wir unseren Blick auf diese Stelle, denn lässt man sie einmal aus den Augen, findet man sie nicht wieder. Mein Liebster legt inzwischen erst ein Blütenblatt oder einen Zweig darauf, bevor er die Gießkanne greift und den Urin mit reichlich Wasser verdünnt.

Trotzdem muss alle paar Wochen auf den kahlen Stellen nachgesät werden, und den Rüden vom Nachbarn lasse ich nicht mehr rein, seit er sein Bein an meinem mühsam kugelrund gezüchteten Buchsbaum gehoben hat und letzterer auf der Stelle das Zeitliche segnete.

Es soll ja Leute geben, die etwas verwahrlost sind und zudem nicht gerne Gassi gehen. Auffallend oft haben sie mehrere Hunde. Pinkeln diese regelmäßig gegen Wände, auf Parkettboden oder Teppich, sickert der Schaden in die Bausubstanz. Um den Uringeruch wieder aus dem Haus zu bekommen, muss man es abreißen.

Hundehasser

Die unangenehmste Begegnung, die ein Hundebesitzer haben kann, ist die mit einem Hundehasser. Solche kommen in Dörfern, in denen Tiere noch zum Alltag gehören, praktisch nicht vor, in der Großstadt dafür um so zahlreicher.

Noch harmlos sind ja jene, die angesichts meines Vierbeiners böse Gesichter machen und uns betont auffällig aus dem Weg gehen, als ob der Anblick des Tieres allein schon eine grobe Umweltverschmutzung und eine Riesengefahr wäre. Es sind Leute, die mich möglicherweise für einen verträglichen Menschen halten würden, lernten sie mich ohne Tier an der Seite kennen. So aber bin ich ihr Feind.

Doch ich will gar niemandes Feind sein, ich hab bloß einen Hund dabei. Ich bin auch nicht militant. Mein Vierbeiner darf Radfahrern und Joggern nicht in die Füße beißen und keine Kinder küssen. Er verfolgt im Feld nicht wütend Pferd und Reiter und springt mit seinen dreckigen Pfoten keine alten Damen an.

Und trotzdem fühle ich mich in dieser giftigen Amosphäre, die ein Hundehasser verbreitet, wie ein schändlicher Missetäter. So wie bei der älteren Dame, der ich Anfang Mai auf einer weiten Wiese am Wasser begegnete, welche außer mir und zwei anderen Hundebesitzern seit letztem September garantiert niemand mehr betreten hatte.

Sie war weit entfernt von mir, aber jetzt schritt sie energisch auf mich zu und rotzte mich ohne Einleitung an: »Sie wissen schon, dass Hunde hier an die Leine müssen?«

Ich hätte ihr antworten können, dass ich sie gar nicht stören will, sondern gerne weiterziehe. Oder dass sie mir zu verdanken hat, dass ihr Blick über das Wasser schweifen kann, ohne am Ufer in grünlich verrottetem Plastikmülls zu waten, denn den hatte ich neulich aufgesammelt. Ich hätte sie auch darauf hinweisen können, dass sie auf der ganzen Wiese keinen Hundehaufen finden würde, denn die tragen wir selbst weg, weil wir auch nicht reinlatschen wollen.

Vielleicht hätte die aufgebrachte Dame diese riesige Fläche dann doch mit mir geteilt. Aber weil ich nur ein Durchschnittsmensch bin, blaffte ich kurz zurück: »SIE sind ja nicht das Ordnungsamt!« und marschierte an ihr vorbei. Wieder eine Chance verpasst, vielleicht einen kleinen Frieden zu begründen.

Doch als Hundebesitzer am Rande einer Großstadt bin ich ohnehin ständig in der Defensive. Von allen Seiten werden meine Freiheiten eingeschränkt, teilweise absolut nachvollziehbar, dann wieder bis ins Absurde. So streift das Ordnungsamt in Form zweier Beamter regelmäßig über weite, brachliegende Felder mit kilometerlangen Wegen, auf denen nie ein Mensch zu sehen ist und brummt Leuten, deren Hund nicht angeleint ist, deftige Strafen auf.

Sobald ich eines Kindes angesichtig werde, rufe ich meinen Hund zurück, damit nur ja keine hysterische Mutter ihre kleine Tochter hochreißt und mich mit wilden Blicken tötet. Und wenn mir ein alter Mann auf Krücken begegnet, lasse ich meinen Hund augenblicklich sitzen, obwohl das völlig unnötig ist.

Doch wahre Hundehasser kann man mit solch übervorsichtigem Verhalten nicht beschwichtigen. Sie kennen keine Gnade, keine Entschuldigung, bloß ihren überlebensgroßen Anspruch auf eine saubere Stadt nur für Menschen.

»Ich habe Angst!« kreischen sie von Weitem, aber sie sehen nicht ängstlich aus, sondern wutverzerrt. Wenn der Hundebesitzer sich nicht sofort besänftigend duckt und den Hund an der Leine wegzieht, steigert sich ihr Panikgeheul. Den ernstgemeinten Ratschlag, gegen ihre Angststörung etwas zu unternehmen, braucht man ihnen nicht zu unterbreiten – sie sind sowas von IM RECHT!

Mit hochrotem Gesicht pöbeln sie: »Unverantwortlich! Asozial! Weg mit dem Viech!« Dabei wedeln sie so wild mit den Armen, dass der Hund sich animiert fühlt und entweder bellt oder versucht zu springen. Aber daran sind natürlich nicht sie schuld, nein, es dient ihnen noch als Bestätigung.

Das grenzt an Raserei und entwickelt eine Energie,

die erschrecken kann. Diese Zornschnaubenden wollen nicht beschwichtigt werden. Der Hundebesitzer tut gut daran, den Mund zu halten und sich sang- und klanglos zu entfernen. Aber das schützt ihn nicht vor den noch militanteren, die in Büschen herumkriechen, um Köder zu legen: Hackfleisch mit Glasscherben, vergiftete Wurst.

Ihn tröstet ihn nicht, dass solche Leute wahrscheinlich nur durch Zufall auf den Hund als Hassobjekt gekommen sind, denn in Leuten, die Ausländer, Schwule und Radfahrer hassen, erkennt er die gleiche Wutlust. Und langsam bekommt der Hundebesitzer den Hauch einer Idee davon, wie diese Gruppen sich fühlen müssen – immer unterschwellig bedroht, stets darauf bedacht, keinen Anstoß zu erregen und schon schuldig durch ihr bloßes Dasein.

Die Mehrzahl der Leute ist grundsätzlich so friedlich gestimmt ist wie der Hundebesitzer selbst. Für die latent negative öffentliche Stimmung, die Hunden gegenüber vorherrscht, ist vornneweg diese böse Minderheit verantwortlich: Sie schreit am Lautesten den Umstand nieder, dass die Begegnung zwischen Hund und Großstadtmensch in den allermeisten Fällen völlig reibungslos und häufig sogar sehr erfreulich verläuft.

Die staatlichen Quälgeister

Das größte Kreuz, das ein Hundebesitzer zu tragen hat, ist die Existenz des Ordnungsamtes. Vernünftige Stimmen mahnen ja mit Recht, das Regeln in jeder Gesellschaft sein müssen. Doch zeigen Sie mir *einen* Fußgänger, der ewig an einer roten Ampel stehen bleibt, wenn weit und breit kein Auto zu sehen ist. Hält man eine Regel nicht für vernünftig, so wird sie eben täglich tausendfach gebrochen.

Wir reden hier nicht von Idioten, die im Sommer mit ihrem nicht angeleinten Hund über vollbesetzte Liegewiesen wandern oder ihn in Nachbars Vorgarten scheißen lassen. Wir meinen den ganz normal vernünftigen Menschen, so einen wie mich.

Als ich mit meinem neuen Hund die ersten Runden über die Felder drehte, an deren Rand ich wohne, war die erste Warnung, die mir andere Hundebesitzer angedeihen ließen, jene über das Ordnungsamt. »Aber was soll das denn hier?« fragte ich noch naiv.

Man dürfe sein Tier an diesem Ort nicht ohne Leine führen.

»In dieser Pampa? Wo kilometerweit kein Mensch ohne Hund rumrennt?«

Die anderen Hundebesitzer holten Luft und begannen zu erzählen: »Die Quälgeister verstecken sich sogar hinter Büschen. Sie kommen mal zu Fuß, mal mit dem Rad, dann mit dem Auto, monatelang gar nicht, dann eine Woche lang täglich zu unterschiedlichen Zeiten, sie treten immer zu zweit auf und man kann mit ihnen kein vernünftiges Wort reden. Sie können sogar »vorsätzliches-von-der-Leine-lassen« bestrafen, und die fehlende Hundemarke, die fehlende Kacktüte, und was weiß ich noch alles. Nicht mal vor alten Frauen mit klapprigen Pekinesen machen sie Halt. Und wer ein paarmal erwischt wurde, ist im schlimmsten Fall seinen Hund los.«

Sein Tier möchte man behalten, aber Freilauf braucht es eben auch, und das kann nicht das ewig gleiche Auslaufgebiet sein, auf dem man seine eigenen Spuren fünfmal kreuzt. Davon wird der Hundebesitzer verrückt und sein Tier ebenfalls. Also tut man das, was natürlich ist und einer der schönsten Gründe überhaupt, einen Hund zu halten, und was man zugleich nicht soll: Man lässt sein Tier in der Natur frei laufen.

Wenn man vorgewarnt ist, kann man die Beamten auf unseren Feldern schon von Weitem erkennen. Sie tragen eine dunkelblaue Uniform. Auf dem Rücken steht in weiß »Ordnungsamt«. Um sie frühzeitig zu entdecken, sind Hundebesitzer es gewohnt, beim Gassigang ihren Kopf wie das Fernrohr eines U-Bootes in alle Richtungen routieren zu lassen. Sie machen die Beamten auch daran aus, dass in ihrer Nähe nirgends die Silhouette eines Hundes zu erkennen ist.

Und dann lenkt man seine Schritte rasch um und warnt jeden anderen Hundebesitzer, der einem entgegenkommt. Auch der bückt sich, nimmt sein Viech an die Leine und schlägt einen Haken.

Ein halbes Jahr hörte ich nur solche Geschichten und dachte schon, sie seien Schauermärchen, doch dann entdeckte ich in der Ferne ein blausilbernes Auto am Feldrand im Halteverbot. Zwei dunkelblaue Leute stiegen aus.

Augenblicklich ging ich im hohen Gras in Deckung. »Hund!« flüsterte ich. »Hund!«. Aber meiner dachte gar nicht daran, auf mich zu hören, er schnürte über die Wiese und suchte Mauselöcher.

»Komm sofort her!« zischelte ich tonlos, aber sehr bestimmt. Als er dann endlich auf Griffweite heranflaniert war, fummelte ich nervös und endlos an seinem Halsband herum, bis ich mich aufrichten konnte, die Leine betont locker in der Hand.

Da kamen sie des Weges, ihre Blicke auf mich gerichtet, noch ein paar hundert Meter weg.

Ich bin ein erwachsener Mensch mit einer gesunden Selbstbewusstsein. Doch angesichts dieser Behördenvertreter, von denen ich schon so viel Gnadenloses gehört hatte, wurden meine Knie weich, sie schlotterten sogar. Ich hatte keine Kacktüte dabei. Hatten sie mich beobachtet, wie ich den Hund einfing? Sollte ich jetzt noch die Flucht antreten? Würden sie mich verfolgen?

Wie hypnotisiert ging ich weiter, auf die Wegkreuzung zu, an der ich ihnen begegnen musste. Doch dann kam von links eine andere Dame, sie war schon viel näher an der Kreuzung. Ihr Hund trödelte frei vor ihr her, und so bogen die Beamten ab und sprachen sie an, und ich ging im Abstand von fünfzig Metern ungeschoren an der gefassten Sünderin vorbei, und sie tat mir so leid, aber *ich* war gerade noch entkommen. Als ich mich noch einmal umdrehte, traf mich der ruhige Blick eines der Beamten. »Dich kriegen wir auch noch!«, las ich darin.

Und sie haben ja Recht: je öfter ich diese Wege gehe, desto größer wird die Wahrscheinlichkeit, dass sie mich erwischen. Man kann es eigentlich nur so gut wie möglich hinauszögern.

Wir Hundebesitzer haben erwogen, eines SMS-Kette einzurichten, denn wir sind auf den Feldern oft zu weit voneinander entfernt, um einander durch Rufe zu warnen. Aber so richtig praktikabel ist das nicht. Da kam eine auf die glorreiche Erfindung eines weithin sichtbaren Zeichens. Man nimmt die Arme über den Kopf und formt damit ein großes »O«. Das kann man auf einen Kilometer noch erkennen.

Seitdem sind die Ordnungswidrigkeiten auf den Feldern deutlich zurückgegangen.

Es wird schon nichts passieren

Es liegt in unserer Natur, uns für weitgehend unverwundbar zu halten. Solange wir Krebs, Hunger und Terroranschläge bloß aus dem Fernsehen kennen, betrifft die Katastrophe immer nur andere. Uns selbst wird schon nichts passieren.

Aus reiner Vernunft gehen wir trotzdem zu Vorsorgeuntersuchungen und treten nicht zu dicht an Klippenränder heran. Genauso entspannt halten wir es mit unserem Vierbeiner: Er wird geimpft, entwurmt, gut ernährt und ausreichend bewegt. Damit wird schon alles gut gehen.

»Die Leute laufen vier Jahre lang mit ihrem unangeleinten Hund auf die gleiche Straße zu. Im fünften Jahr huscht drüben am Baum ein Eichhörnchen hoch«, sagte einmal ein Tierarzt im Fernsehen. »Der Hund sprintet los, ein Auto kommt angezischt, und ...«

Mein Hund ist jung und gesund, eine schlanke, schnelle Jägerin. Jetzt, im glühenden Hochsommer, lasse ich sie niemals im Auto zurück, und gehe sehr früh morgens mit ihr über die Felder: um Sechs, wenn es mit zwanzig Grad noch einigermaßen kühl ist, und die Sonne gerade erst schräg durch die Bäume blitzt.

An einem Sonntagmorgen sind wir erst zwei Stunden später losgekommen, da hatte es bereits schwüle dreiundzwanzig Grad. Ich wollte nur eine kurze Runde gehen. Wasser hatte ich nicht dabei, weil ich es schon an hundert Morgen umsonst mitgeschleppt hatte – mein Hund verschmähte es auch dann, wenn ich es leicht würzte.

Wie immer preschte er mit hundertfünfzig Stundenkilometer durch die hohen, gelben, ausgedörrten Wiesen, bis er einen flüchtenden Hasen aufschreckte. Um ihm nachzusetzen, beschleunigte mein Hund auf zweihundertzehn. Und ich sah in der Ferne einen grauen und einen braunen Blitz, beide wurden immer kleiner.

Während ich darauf wartete, dass meine Jägerin zurückkam, beschloss ich, sofort umzukehren. Sie war genug gerannt, mehr Anstrengung war ihr bei dieser Wärme nicht zuzumuten. Und da kam sie auch schon den Weg entlang gepresht, die Zunge hing ihr bis zum Knie.

Bei mir angekommen, ließ sie sich in das trockene Gras am Wegesrand fallen, streckte alle Viere von sich und hechelte erschreckend schnell und scharf. Noch nie hatte sie sich auf freier Wildbahn irgendwo hingelegt. Ein Kirschpflaumenbusch warf nur einen durchsichtigen Schatten auf das Tier, das völlig außer sich war.

Ich zerrte sie aus dem Gras auf die Buckelsteine des Weges, denn die waren deutlich kühler. Sie ließ es geschehen. Ihre zuckende Zunge schlurfte über den Boden und war mit Sand und Dreck völlig verklebt.

Die nächsten zehn Minuten brachte ich damit zu,

meinem Hund jeden Tropfen meiner Spucke zu geben, den ich produzieren konnte. Bis mir schwindelig wurde, pustete ich ihre Beine, ihren Bauch, ihre Ohren an. Nirgends, auch in der Ferne nicht, war irgendein anderer Hundebesitzer zu sehen.

Ich riss einen Blätterzweig ab und fächelte ihr damit in hastigem Rhythmus Luft zu, aber die Frequenz ihres Hechelns nahm nicht ab, ihr Blick wirkte verzweifelt und hilfesuchend, und ich konnte sie nicht nach Hause tragen, nicht einmal zu dem tiefen Graben in der Nähe, in dem es sicher ein Grad kühler war.

Ich zog mein Handy hervor und wählte. »Liebster, Du musst SOFORT kommen«, sprach ich in dringendruhigem Ton, »bring Wasser mit.« Dann beschrieb ich ihm noch, wo wir ungefähr waren. Und mein auf dem Rücken liegender Hund hechelte schmerzvoll, und ich wedelte mit dem Mirabellenzweig, und versuchte, ihr Fell mit meiner Spucke zu befeuchten. Und die Sonne stieg hinter den Bäumen hoch.

Den Drang, meinen Liebsten noch mal anzurufen, um zu fragen, wo er jetzt sei, kämpfte ich nieder. Mit meinem Hund sprach ich ruhig. Das Gefühl, überhaupt nichts machen zu können, wenn sie sich ins Koma hechelte, ließ ich nicht ausbrechen und hoffte, sie werde meinen inneren Aufruhr nicht spüren.

Meinen Liebsten auf dem Rad über den steinigen Weg holpern zu sehen, auf dem Gepäckträger eine große, schwappende Flasche, war in diesem Jahrzehnt wohl meine allergrößte Freude. Sogar der Hund klopfte schwach mit dem Schwanz.

»Gib her,« sagte ich, nahm ihm die Flasche aus der Hand, und goss die Hälfte des wunderbar kalten Wassers über den Rücken meines Hundes. Ich hätte es langsam machen müssen – erst die Pfoten, dann die Beine – aber der Druck in mir war einfach zu groß.

Mein Liebster hatte sogar an einen Plastiknapf gedacht. Es dauerte weitere zehn Minuten, bis der Hund endlich aufstand, sich schüttelte und daraus schlapperte.

Den ganzen, langsamen Weg zurück sagte ich meinem Liebsten wieder und wieder: »Ich bin bloß froh, dass Du so schnell gekommen bist.«

Die Tränen sind mir erst Stunden später gekommen, als ich den Vorfall einer Nachbarin erzählte. Und noch abends beim Einschlafen sah ich immer meinen Hund vor mir, auf den Buckelsteinen im Dreck liegend, alle Beine lang, hechelnd, die Zunge verstaubt. Und dann ihr angstvoller Blick, der eine Lösung von mir erwartete, die ich nicht hatte. Es war knapp gewesen. Ich war schuld, und das tat noch lange weh.

Der Rudelführer

Aus Hundesicht stellen Hund und Halter das kleinste gemeinsame Rudel dar. In einem Rudel herrscht Diktatur: Nur einer ist der Boss, er hat alle Vorrechte, muss aber auch für die Sicherheit sorgen.

Selbstverständlich ist das automatisch der Mensch, denn in unserer Welt kann ein Hund diese Position nicht einnehmen. Er ist weder in der Lage einzukaufen, noch die Haustür abzuschließen, geschweige denn eine Steuererklärung auszufüllen. Nicht einmal eine vierspurige Straße könnte er unbeschadet überqueren. Um nicht überfahren zu werden, bleibt ihm bloß die Position des »Schütze Arsch«. Der läuft erst los, wenn er Erlaubnis hat, dafür muss er sich im Gegenzug um sein Fressen nicht kümmern.

Doch wir leben in gleichberechtigten Zeiten. Vielen Menschen, vor allem Frauen, erscheint es unanständig, jemandem Befehle zu erteilen und sie entschlossen durchzusetzen. »Teamorientiert« – diese Eigenschaft wird bei in Arbeitszeugnissen lobend hervorgehoben. Man hat gelernt, alles auszudiskutieren und partnerschaftliche Kompromisse zu erzielen.

Die Natur des Hundes kennt aber keine Diskussionen. Er spürt nur klaffende Gesetzeslücken der Machtlosigkeit und weiß sie für sich zu nutzen. So wie neulich beim Tierarzt.

Ich wurde aufgerufen. Doch ins Sprechzimmer zu dem bösen Mann in Weiß wollte mein Hund nie wieder, guckte kläglich und jaulte. Ziehen und ein aufmunterndes »Komm schon!« nützten nichts, das Fellbündel stemmte sich mit allen Pfoten in den Boden und hatte den Tod in den Augen.

Wenn ich dieser Panik jetzt nachgab, würde ich mir für jede Impfung einen neuen Tierarzt suchen müssen. Aber an der Leine über den Kachelboden schleifen wollte ich meinen durchgedrehten Angsthasen ja auch nicht, und da lag schon der Fehler.

»Was soll ich machen?«, fragte ich stattdessen und schämte mich vor den anderen Wartenden in Grund und Boden.

»Sie sind der Rudelführer!« sagte der Tierarzt, der in der Tür lehnte. Es schwang ein genervter Unterton mit. Mir schwante, dass der Veterinärmediziner dergleichen täglich mehrfach erlebt, und ich erkannte plötzlich, wie lächerlich ich auf ihn wirken musste in meiner hilflosen, leicht gebückten, bittenden Haltung vor meinem widerstrebenden Tier.

Ich richtete mich auf, straffte mich, sprach entschlossen: »Los jetzt!« und marschierte dem Tierarzt nach mit langen Schritten ins Sprechzimmer. Und siehe da, der Hund folgte ohne Mucken. Es war eine Offenbarung.

Seitdem hat er bei mir kein Pardon mehr: Was ich will, wird gemacht, und was ich nicht will, wird nicht gemacht. Doch die Stadt ist leider noch voller Hundehalter, die das Prinzip nicht begriffen haben und sich lieber nach dem Hund richten.

Eine Bekannte von mir hat einen Terrier. Die streben bekanntlich die Rolle des Diktators besonders beharrlich an. Ihrem Hund ist das quasi ohne Gegenwehr gelungen, und das Schlimme ist: Diese Rolle macht das an sich hübsche und kluge Tier völlig unsympathisch.

Bei Spaziergängen umrundet er uns und kläfft ohne Unterlass in höchsten Tönen. Hat die Bekannte zuhause Gäste, so schnappt er sich ein Stofftier und kopuliert damit zu deren Füßen wie besessen, dreht er sich hechelnd um sich selbst, bis alle Gespräche verstummen.

»Mensch, da musst Du mal was machen!« sagen die pikierten Gäste zur Besitzerin, doch die zuckt nur hektisch mit den Schultern, was heißen soll, sie habe bereits alles versucht.

Dann sperrt sie das Tier ins Schlafzimmer, aber sein Gezeter ist auch durch die geschlossene Tür kaum auszuhalten. Als sie die Tür wieder öffnet, steht sie in einer Wolke aus Federn. Der Hund hat ihr Kopfkissen zerfetzt und schüttelt seine Beute begeistert hin und her.

»Macht nichts, macht nichts«, murmelt meine Bekannte und schließt die Tür einfach wieder. Der Terrier ist natürlich längst zwischen ihren Beinen durchgewitscht, springt einem Gast auf den Schoß und kickt dessen Kaffeetasse vom Unterteller. Und so weiter und so fort.

Ich gehe jedenfalls nicht mehr mit den beiden spazieren, weil ich nicht dabei sein will, wenn der winzige Terrier eine Dogge anfällt.

Eine andere Dame treffe ich häufig im Park, sie ist schon etwas älter. Sie führt einen kleinen, hochbeinigen Mischling an einer Flexi-Leine. Frei laufen darf das Tier nie. »Ich weiß ja nicht, was er dann macht!« sagt sie verzagt.

Wenn ein anderer Hund vorbeikommt, kläfft ihr Liebling wie ein Wilder. Sie hält dann die Leine so weit von sich weg, wie ihr Arm es hergibt.

»Vielleicht jedesmal ein kleiner, entschiedener Schubser mit der Hacke, wenn er bellt?« schlage ich vor.

»Und wenn er dann beißt?«

Es ist zu schade, dass diese Frauen nie die Erfahrung machen werden, wie gut es sich anfühlt, wenn man zu einem Lebewesen »Sitz!« sagt, und es setzt sich prompt.

An dieser kleinen Machtverschiebung kann man erheblich wachsen. Und wer so ein Rudel führen kann, kann auch andere Rudel führen: Man wird gehorsame Kinder haben und traut sich womöglich endlich, das Start up zu gründen, von dem man schon so lange träumt. Vielleicht wird man sogar Bundeskanzlerin!

Zwei Halter und ein Hund I

Mein Liebster wollte keinen Hund. Auf keinen Fall. Er konnte sich nicht vorstellen, was auf ihn zukommen würde. Hoch und heilig musste ich ihm versprechen, dass ich mich ganz allein um den neuen Hausbewohner kümmern würde.

»Mir ist nur wichtig, dass Du den Hund nicht ablehnst, denn in so einer Atmosphäre kann er nicht leben und ich auch nicht«, sagte ich.

Es ist gut gegangen.

Zwar kümmert sich mein Liebster bis heute weder um Fressen und Entwurmung, aber er liebte den Hund schon, als dieser ihm beim Züchter tappsig schwankend entgegenlief.

Es geht nicht immer gut.

Ein Rentnerpaar schaffte sich einen Yorkshireterrier an, weil es seine zukünftigen Tage nicht nur in Museen verbringen wollte, und man braucht ja auch Bewegung.

Nun erweist sich dieses Hündchen als respekt- und furchtlose Rakete, springt jedem Jagdhund an den Hals und saust mit ihm Kopf an Kopf in höllischem Tempo über die Wiese. Natürlich kommt es nicht zurück, wenn man es ruft, und zwar sehr lange nicht.

Die langjährige Ehe der Besitzer hat nun einen Knacks. Der Mann will einerseits das Hündchen beherrschen, andererseits um keinen Preis eine Hundeschule besuchen. Die Frau guckt Dogtrainer-Sendungen, kann sich aber mit ihren daraus abgeleiteten Übungsvorschlägen nicht durchsetzen. Mittlerweile gehen sie nicht mehr zusammen spazieren, die Frau führt das Hündchen allein aus. Sie sagt: »Mein Mann wird ja jedesmal puterrot im Gesicht, wenn der Hund abhaut. Ich sehe das viel gelassener – der kommt schon allein zurück.«

Einen Konsens können sie nicht erzielen und streiten nun andauernd. Yorkshireterrier können sechzehn Jahre alt werden.

Ein anderes Paar fasst einander kaum noch zärtlich an. Und nun sieht der Mann zu, wie der gemeinsame Hund von seiner Frau mit Liebe überschüttet wird. Abends, vor dem Fernseher, liegt er in ihrem Arm, auf ihrer Brust, an ihrem Herzen. Und der Mann sitzt auf der anderen Seite des Tieres und streichelt dessen Hinterteil. Das Paar sagt zueinander: »Hat er nicht ein herrliches Fell! Strahlt er nicht wunderbare Wärme aus? Ist es nicht besonders entspannend, ein schlafendes Tier bei sich zu haben?«

Über dem Rücken des Hundes begegnen sich manchmal sich ihre Fingerspitzen.

Ein drittes, junges Paar erkennt während der Erziehung ihres Setters, wer in der Familie wirklich Rudelführer ist: Die Frau. Mit bewunderungswürdiger Bestimmtheit übt sie mit dem neuen Rudelmitglied wieder und wieder die gleichen Kommandos.

Geht einmal ihr Partner mit dem Setter aus, so kennt er immerhin diese Befehle. Doch sein »Zuurück!« ist ein leises Säuseln und löst Hund keinerlei Reaktion aus. Der Mann zuckt mit den Achseln und startet keinen zweiten Versuch.

Wenn der Setter auf das Sofa klettert, ist es ihm einfach zu anstrengend, das Tier so oft herunterzuzerren, bis es solche Versuche ein für alle mal aufgibt. Jetzt liegt der Hund immer auf der Couch, wenn seine Partnerin abwesend ist, obwohl das anders besprochen war. Und er hüpft regelmäßig weg, wenn der Mann ihn an die Leine nehmen will. Der Mann hüpft hinterher. Nach und nach sinkt er so auf den untersten Rudelrang.

Wenn so ein Paar ein Wunschkind plant, liegt es nicht fern zu vermuten, dass es bei seinem Vater auf ähnlich lässige Nachgiebigkeit stoßen könnte. Insofern ist die Haltung eines Hundes auch ein Testflug für zukünftiges Familienleben.

Hier noch einer dieser Dialoge, den man beim Spazierengehen so aufschnappt:

Mann, mäkelnd: »Halt ihn fest! Siehste nicht das Auto?«

Frau, ruhig: »Ich muss ihn nicht festhalten. Er läuft nicht auf die Straße.«

Mann, mäkelnd: »Woher willst Du das wissen?«

Frau, erbost: »Weil ich hier jeden Tag langgehe. Hör endlich auf! Da kommst Du alle vier Wochen einmal mit raus und meinst, Du wüsstest alles besser!«

Was in dieser Geschichte bisher kaum vorkommt, sind die Menschen, die miteinander und mit ihrem Hund ein vollkommen zufriedenes Leben führen, vielleicht sogar ein gemeinsames Hobby wie Hundesport betreiben, so dass jedes Rudelmitglied gleich viel Spaß am Leben hat. Wären diese Leute nicht in der Überzahl, so würde es wohl viel weniger Hunde geben.

Zum Beispiel das schwule Prenzlauer-Berg-Paar. Einer der der beiden Männer hatte zeitlebens panische Angst vor Hunden gehabt. Die verflog in der Sekunde, als sein Freund mit einem Welpen nach Hause kam, der gerade in seine Hand passte. (Nicht zur Nachahmung empfohlen!)

Dieser wurde augenblicklich an Kindesstatt angenommen und seitdem wird das Paar fröhlich von einem Pinscher umsprungen, der bestens erzogen ist, immer ein hippes Halsband trägt, ausschließlich Biokost frisst, und die Beziehung weder gerettet noch geschreddert hat, sondern ihr nur ein quiekendes I-Tüpfelchen aufsetzte.

Aber darüber kann man natürlich nicht so schön lästern wie über Beziehungen, die durch einen Hund ins Rutschen kommen.

Außer vielleicht so: Die größte Harmonie, die in einem Rudel herrschen kann, besteht wohl bei diesem Ehepaar mittleren Alters: Sie schlafen mit ihren vier großen, langhaarigen Hunden in einem Bett.

Zwei Halter und ein Hund II

Es war einmal ein junges, gutverdienendes Paar, das lebte mit einem Dalmatiner in einem Häuschen. Mal nahm ihn der Mann zur Arbeit mit, mal die Frau. Damit der Rüde genug Auslauf hatte, wurde er außerdem regelmäßig beim Dogwalker abgegeben.

Doch dieses Paar war einander längst nicht so sicher, wie es im ersten Verliebheitsjahr geglaubt hatte. Morgens und abends brachen nun regelmäßig Streitereien aus. Dabei lag der Hund auf dem Teppich, scheinbar ruhig. Aber sein Atem war nicht tief, seine Ohren gingen hin und her, seine Augen standen halb offen.

Bald sprachen Herrchen und Frauchen nur noch das Nötigste miteinander, gingen sich aus dem Weg, schliefen nicht mehr im gleichen Zimmer, konnten sich auf kein Buch, keinen Film mehr konzentrieren, sondern formulierten nur noch schneidend scharfe Sätze im Kopf, die sie dem Partner bei nächster Gelegenheit entgegenschleudern würden. Die Atmosphäre in dem Häuschen, die einmal hell, lachlustig und zärtlich gewesen war, verdickte sich, wurde zäh und erdrückend.

Der Hund lag auf seinem Lieblingssofaplatz, aber die Frau, die sonst ihre Wolldecke mit ihm teilte, fühlte sich hart verspannt und kalt an. Und dann kam der

Mann herein und begann zu reden, jedes Wort ein Fallbeil, das auf die Frau niedersauste und auf den Hund.

Der Rüde stand auf, schüttelte sich und hüpfte vom Sofa. Er ging langsam, mit gesenktem Kopf und flach anliegendem, leicht wedelnden Schwanz auf sein Herrchen zu, stellte sich auf beide Beine und versuchte, dessen Mundwinkel zu erreichen, um sie zu lecken. Er wollte ihn beschwichtigen, damit er nicht mehr böse war, und nahm dabei alle Schuld auf sich. Doch der Mann schob ihn fort und warf weiter Fallbeile, bis die Frau ihren Laptop nahm und sich ins Schlafzimmer zurückzog. Sie winkte dem Hund, er möge ihr folgen.

Der Dalmatiner durfte sogar ins Bett, aber er fühlte sich dort nicht wohl, denn Frauchen vibrierte vor Zorn und Tränen. Die ganze Nacht drehte sie sich hin und her. Der Hund ertrug die Hätscheleien der Schlaflosen nicht mehr, jaulte leise und wollte raus. Er spürte deutlich: Das Rudel war in Gefahr und somit auch er. Und er blieb in der Spannung gefangen wie in den Drähten eines Elektrozaunes.

Denn auch, wenn der Mann den Rüden hinter den Ohren kraulte, tat er das nicht mehr aus einem innerem Bedürfnis heraus, sondern weil er seiner Freundin zeigen wollte, wie allein sie dastand. Noch zankten sie sich nicht um den Hund, aber das konnte ja noch kommen.

Der Suchbegriff »Paar streitet um Hund« fördert im Internet einige Zeitungsberichte über Prozesse zu Tage, in denen ein Richter über das Sorgerecht für Jackie, Socke, Paco oder Tyler entscheiden muss, weil keiner der Kontrahenten vom Liebling lassen will. Obwohl das Tier ja gesetzlich eine Sache ist, argumentieren beide mit seinem Seelenheil und natürlich ihrem eigenen.

Auch außergerichtlich befehden sich Mann und Frau unter der Fahne der Tierliebe, und dann geht es gelegentlich härter zu. Was das Beste für den Hund wäre, läge ja meistens auf der Hand, aber das haben erbitterte Geschiedene überhaupt nicht im Sinn. Ihnen geht es um Sieg oder Niederlage, um triumphieren und kleinbeigeben.

Am Ende verlässt der eine mit dem Hund das Schlachtfeld und sorgt dafür, dass dieser sich kein letztes Mal nach dem Exrudelmitglied umschauen kann. Der Verlierer geht ohne Leine nach Hause, aber er wird sich rächen. Er verschickt Nacktfotos, gibt dem Finanzamt einen heißen Tipp oder vergeht sich am Auto des verhassten Siegers. Alles aus Liebe zum Hund?

Möglicherweise ist diesen Hundehaltern bewusst, dass sie das ihnen ausgelieferte Tier wie eine blutleere, herzlose Sache behandeln, also das Gegenteil von dem tun, was sie vor Gericht behaupten. Aber der Trieb, den Expartner zu bekriegen, ist stärker.

Zurück zu unserem jungen Paar. Als sich die Gemüter etwas abgekühlt hatten, beschlossen sie, sich zu trennen, dabei einen Rosenkrieg zu vermeiden, und sich den Dalmatiner fortan zu teilen. Er hat seitdem drei Zuhause, eines bei dem Dogwalker, eines bei der Frau und eines in einer engen Mietswohnung im dritten Stock. Ob das ein schöner Schluss für eine Geschichte ist, möge jeder für sich selbst entscheiden.

Schnell noch eine andere Trennungsanekdote mit Hund in einer Nebenrolle: Frau und Rottweiler lebten schon acht Jahre zusammen, als ein Mann in ihr Leben trat. Frau ließ ihn in ihr Herz und Haus, und auch der Rottweiler freute sich über einen neuen Gespielen. Nach sehr kurzer Zeit stellte sich heraus, dass der Mann eifersüchtig, besitzergreifend, dazu ein Sektenmitglied war. Die Frau beendete die Beziehung, und zwar für alle Zeiten. Das hielt den Mann nicht davon ab, ihr SMS mit Liebesbekundungen zu senden, die einen drohenden Unterton hatten. Die Frau antwortete nicht.

Monate später stand er plötzlich vor ihrem Gartentor. Er wolle gar nicht sie besuchen, nein, nur den Hund. Er habe solche Sehnsucht nach ihm.

Die Frau hat dann die Polizei gerufen.

Gefahrengerüchte

An anderer Stelle hatte ich bereits erwähnt, dass Hundebesitzer überdurchschnittlich viele Menschen kennen, und deswegen wandern auch Nachrichten, ihre Vierbeiner betreffend, sehr schnell herum.

Jeder, den man im Park oder auf den Feldern trifft, weiß binnen Kurzem, wo ein anderer im Gebüsch ein Wildschwein gesichtet hat. Meistens war es groß wie ein Grizzlybär und hatte sich genauso aufgerichtet, Rauch aus den Nüstern geblasen und den Hund mit Blicken verbrannt. Man habe diesen gepackt und sei um beider Leben gerannt. »Geht da bloß nicht lang!«

Und dann der Wolf. Er soll auf den Feldern gesichtet worden sein. Die Verwechslung mit einem Hund sei ausgeschlossen, er war ja auch ganz allein. Groß, grau, buschiger Schwanz, das ist doch eindeutig!

Mit schlotternden Knien machte ich meine Runden, ließ meinen Hund nicht mehr in die Nähe eines Gebüsches, jede aufflatternde Krähe jagte mir Eis durch die Adern. Die sonst eher langweiligen Wiesen wurden zu einem abenteuerlichen Gefahrenland.

Auch andere Hundebesitzer hatten einander viel zu erzählen: »Mein Sohn hat ihn gesehen, als er im Dunkeln den Hund ausführte. Er hat ihm direkt mit der Taschenlampe in die Augen geleuchtet. Die glühten wie Kohle!« Wir schauderten.

Auf die Idee, mal im Internet zu forschen, ob es eine offizielle Wolfswarnung gab, und ein einzelnes Tier einen Hund anfallen würde, kam eigentlich niemand. Wozu auch? Ein Faktencheck hätte den Alltag ja wieder ganz normal gemacht, denn es gab keine Spur von einem Wolf in der Gegend. Doch wir schauderten lieber weiter, bis es von selbst langweilig wurde.

Und so begann eine andere Gruselgeschichte: »Hast Du schon gehört? Piggy ist tot.«

»Nein! Sie war doch erst drei Jahre alt!«

Piggy ist ein Mischling. Ich kenne ihre Besitzerin ganz gut. Mein Hund hat von ihrem Hund das Buddeln gelernt.

»Sie ist vergiftet worden!« Der Tierarzt habe noch um ihr Leben gekämpft. Die Besitzerin sei völlig fertig.

Sie tat mir unendlich leid, zugleich kroch Angst in mir hoch. Giftköder hier in unseren Grünanlagen! Ich ging mit meinem Hund die gleichen Wege. Ich pfiff ihn heran und griff zur Leine.

Kurz darauf traf ich einen anderen Halter, der die Geschichte schon kannte. Aber er wusste noch mehr: Es wären nicht nur Piggy, sondern noch zwei weitere Hunde gestorben, darunter ein alter Pudel.

Ich ging nach Hause und schrieb auf allen elektronischen Kanälen Warnungen an alle Hundehalter, die ich kannte. *Achtung, es sollen Giftköder gefunden worden sein, drei Hunde tot, also Vorsicht in nächster Zeit!* Ich fügte sicherheitshalber zu: *Hab ich alles nur aus zweiter Hand.*

Ganz schnell bekam ich lauter Dankesnachrichten zurück und muss gestehen, es fühlte sich irgendwie bedeutsam an, diese dramatische Botschaft überbracht zu haben.

Tags darauf hörte ich Mutmaßungen, dass die Köder auf einen Hügel in der Nähe ausgelegt worden sein mussten, denn dort hatten sich wohl alle drei Hunde aufgehalten. Ein Polizeiaufgebot habe im Morgengrauen diese Grünanlage abgesucht. »Alles abgesperrt, alles voller Autos!«

»Hast Du das gesehen?«, fragte ich, »oder nur gehört?«

»Gehört, aber aus sicherer Quelle!«

Das Herrchen eines Schweißhundes fügte noch hinzu, dass man auf den nahegelegenen Feldern Rasierklingen in Buddellöchern gefunden habe. »Grausamer geht es nicht!«

Tagelang nahm ich meinen Hund auf dem Hügel an die Leine. Andere Hundebesitzer, die man hier regelmäßig traf, waren nicht zu sehen. Dabei konnte ich mir nicht vorstellen, dass noch irgendwo Gift lag. Was die Hunde nicht erschnüffelt hatten, war bestimmt längst von Fuchs, Katze, Dachs oder Marder vertilgt worden.

Dann berichtete man mir, eine Frau habe ihrem Zwergspitz gerade noch Leberwurst aus dem Maul ziehen können, auch die sei vergiftet gewesen. »Stell Dir das mal vor!« Die Augen der Erzählerin waren aufgerissen. »Was sind das für kranke Typen, die sowas machen!«

Über den Erzfeind ist man sich als Hundebesitzer schnell einig und wütet gern gemeinsam in gerechtem Zorn, dennoch kam mir das Ganze nicht mehr logisch vor. Wie zerrt man seinem Vierbeiner Leberwurst aus dem Maul? Und wieso hier Gift und da Rasierklingen?

Man kann ja nicht ewig in Angst leben. Als ich das nächste Mal über den Hügel wanderte, ließ ich meinen Hund wieder frei. Da kam ein Foxterrier angelaufen, und ich sprach die Halterin an, ob sie wisse ...

»Ach, alles Quatsch!« sagte sie. »Ich wohne direkt hier am Park. Mein Hund schlägt immer an, wenn jemand vorbeiläuft. Hätte die Polizei das Gelände durchsucht, wäre das mir nicht entgangen. Auch kennt niemand die anderen beiden Hunde, die tot sein sollen. Nur Piggy ist verbürgt, aber ich weiß direkt von der Besitzerin, dass der Tierarzt eine Vergiftung nur vermutet hat. Schließlich habe ich noch bei der Polizei angerufen – es gab keine Anzeige, keinen Einsatz. Es ist alles eine aufgeblasene Ente. Und das mit den Rasierklingen ist sowieso ein Gemunkel aus dem vorletzten Jahr.«

Ich war enttäuscht und beruhigt zugleich. »Meine Zweifel hatte ich immer schon«, sagte ich natürlich.

Das sagten dann eigentlich alle. Und so verschwand auch dieses Gerücht sang- und klanglos in der Versenkung.

Der falsche Hund

»Ach«, seufzte eine von uns, als wir uns neulich mit unseren Vierbeinern zum Spielen trafen, »wäre es nicht schön, wenn mein Hund kein Rüde wäre? Wir könnten so entspannt spazierengehen, würde nicht er vor jedem Geschlechtsgenossen den Macker machen!«

Dann schwieg sie und schob nach einer Weile hinterher: »Aber weiblich sollte er auch nicht sein. Diese Läufigkeiten sind ja schrecklich. Es müsste ein Hund gezüchtet werden, der weder das eine noch das andere ist.«

Wir lachten. Dann seufzte ein anderer: »Und meiner sollte nicht jagen. Dauernd stehe ich irgendwo und pfeife nach ihm.«

»Willst Du etwa einen Hütehund, der ständig Deine Familie zusammentreibt? Oder ein Schoßhündchen, das teilnahmslos die Tapete anstarrt?« fragte ich.

»Nein, einfach den gleichen wie jetzt, nur ohne Jagen.«

Doch es gibt halt keinen Hund ohne Eigenschaften, und deswegen haben so viele Leute den falschen. Das tritt besonders krass zutage, wenn man einer zierlichen Dame begegnet, die von einer Riesendogge über Feldwege gezogen wird. Hätte sie sich das Tier zum Reiten zugelegt, könnte man es vielleicht noch verstehen.

Den falschen Hund haben auch ältere, fußkranke

Leute, die sich in einen niedlichen Mischling verguckten, welcher sich als temperamentvoller Derwisch entpuppt, der täglich strammen Auslauf brauchen würde. Durch noch so viele Heimspielchen ist er nicht kleinzukriegen, tobt seinen Unterbeschäftigten-Frust an den Sofakissen aus und kläfft bei jedem Telefonklingeln, als wäre das Haus von einer Rottweilerhorde umringt.

Noch ungeschickter ist es ja, wenn man den falschen Zuchthund wählt. Im Gegensatz zur Wundertüte Mischling sind die allgemeinen Wesensarten reiner Rassen ja bekannt, schließlich wurden sie hin und hergekreuzt, um bestimmte Merkmale zu erzeugen. Anstatt nun lediglich das Erscheinungsbild der edlen Tiere zu bewundern und sich zu fragen, ob die Fellfarben zur eigenen Lederjacke passen, könnte sich der potenzielle Hundebesitzer leicht darüber informieren, ob die edlen Charaktere sich genauso schön in seinen Lifestyle einfügen werden.

Leider unterließ das eine Studentin, die sich einen pfeilschnellen, schlanken, schönen Jagdhund angeschafft hatte. Nun muss sie feststellen, dass dieser die Wohnung verwüstet, während sie zwischen acht Uhr und ein Uhr an der Uni ihre Vorlesungen hört. Mit dem pfeilschnellen, schlanken, schönen Tier war sie vorher nur kurz Gassi. Um fünf Uhr früh aufzustehen, damit der Hund seine Stunde laufen kann, kommt ihr nicht in den Sinn. Und sie fragt sich auch nicht, wie sie ihrem lebendigen Accessoire die Zeit vertreiben wird, wenn sie ein Auslandssemester antritt und später einen festen Job.

Vielleicht liegt es daran, dass Rassecharakter-Beschreibungen ähnlich verklausuliert verfasst sind wie Arbeitszeugnisse. Steht in letzterem, einer hätte zu allen Kollegen ein herzliches Verhältnis gehabt, dann meint man damit einen feuchtfröhlichen Gesellen, der auf Betriebsfeiern jeden umarmt.

Und liest man nun über den Labrador, er habe ein nettes, zugewandtes Wesen, so ist die unausgesprochene Kehrseite davon seine distanzlose Aufdringlichkeit Mensch und Hund gegenüber, die man irgendwie im Zaum halten muss.

Heißt es weiter vom Rhodesian Ridgeback, er sei ein herausragend mutiger Hund, dann sollte man sich zu dieser poetischen Beschreibung auch gleich die schlimmste Interpretation mitdenken, nämlich dass der Ridgeback ohne Zögern auch eine Wildschweinfamilie angreifen würde. Zudem soll die Rasse hochsensibel sein. Das kann dann bedeuten, dass so ein Löwenhund an einer Mülltonne vorbeiläuft, deren Deckel im Wind zufällig aufklappt, worauf das Tier furchtbar erschrickt und nachher nie wieder an einer Mülltonne vorbeigeführt werden kann.

Ganz unglücklich wird es, wenn ein führungsschwacher Mensch sich einen Shiba Inu zulegt, der als Welpe ja extrem putzig aussieht. Lebenslang wird er das laufreudige Tier nicht von der Leine lassen können, weil dieses japanische Naturdenkmal weit mehr Dominanz und Konsequenz aufbringt als dieser Halter und für sich ganz allein entscheidet, wohin es ihn zieht und wann er zurückkommt.

Ein Jagdhund neigt eben zum Jagen, und ein Windhund läuft allem nach, was sich bewegt, und ein Wachhund bellt. Ein langhaariger Hund leidet im Hochsommer, flust bei jedem Fellwechsel und muss regelmäßig zum Friseur. Ein kurzhaariger Hund ohne Unterwolle geht ungern bei Regen aus und muss bei eisigen Temperaturen womöglich ein albernes Mäntelchen tragen. Ein großer Hund ist gut für den Rücken seines Halters und ein kleiner schlecht, weil man sich nach ihm tief bücken muss. Andererseits lässt sich so ein Winzling problemlos hochheben. Der große Hund ist wiederum im Unterhalt teurer, schon weil er zehnmal so viel frisst.

Und so weiter und so weiter. Alles falsche Hunde, auf die man sauer ist, denen man nicht vertraut, die nerven, fett werden, haaren, streunen, Zäune überspringen, Fremden an die Gurgel gehen, Plüschtiere rammeln, bis sie angeschnauzt, weggezerrt, getreten werden oder im Tierheim landen. Nur der Besitzer war natürlich richtig!

Die Zukunft ist schon da

Die Zukunft ist schon da. Nur ich bin rückständig und bilde mir immer noch ein, dass Futternapf, Leine, Auslauf und liebevolle Zuwendung für die Dauer eines zufriedenen Hundelebens genügen.

Aber die Verhältnisse haben sich geändert. Viel mehr Menschen leben allein oder als berufstätiges Paar mit nur einem Fitzelchen gemeinsamer Freizeit. Sie gründen keine Familien mehr mit Garantiezusammenhalt, wechseln Partner, Wohnsitze oder das Geschlecht. Wenig in ihrem Dasein hat noch mindestens ein Hundeleben lang Bestand. Doch gerade in diesen schnellen, unruhigen Zeiten wächst die Sehnsucht nach einem treuen Freund. Um sich also doch noch einen Vierbeiner halten zu können, wuchern die unterstützenden Dienstleistungen, ganz besonders im Umfeld der Großstädte.

Ich will nur ein Hundehotel herauspicken, es liegt ein paar Kilometer außerhalb. Mit einer herkömmlichen Tierpension hat es keinerlei Ähnlichkeit mehr. Man muss seinen Hund nicht einmal persönlich dort abgeben, sondern kann das an einer schicken Rezeption in der Innenstadt tun. Von dort werden die abgegebenen Gäste per klimatisiertem Shuttle auf das Land gefahren, wo sie Stunden, Tage oder Wochen verbringen.

Es ist alles da, Freiaufflächen, Spielzeug, Swimmingpool, Hundezimmer in »hochwertiger Ausstattung«, und alles kostet extra. Der nackte, eintägige Aufenthalt schlägt pro mittelgroßem Hund mit fünfzig Euro zu Buche. Aber dafür wird Ihr Liebling noch lange nicht angesprochen, gestreichelt, gefüttert oder bespielt.

Fünfzehn Minuten Ball- oder Suchspiel – neun Euro. Wird eine Hündin unerwartet läufig – sechs Euro pro Tag. Möchte der Hund an heißen Tagen auch mal schwimmen – ein Euro, und ist der Besitzer nicht bereit, diesen extra zu berappen, dann muss sein Tier am Ufer stehen bleiben, während sich seine Raufkumpane in die kühlenden Fluten stürzen. Eine große Portion Futter macht drei Euro fünfzig, dafür kriegt man anderswo schon einen prima Döner.

Ich habe noch längst nicht alles aufgelistet. Nur ein Beispiel noch: Für dreißig Euro können Sie einen persönlichen Nachtbutler bestellen, der Ihren Hund viermal in der Nacht weckt, ihn beschmust oder ihm Tabletten verabreicht. (Das finde ich gar nicht mal so teuer!) Auf Wunsch werden Sie jederzeit über Seelenlage und Gesundheitszustand des Hundehotelgastes informiert, selbstverständlich auch in Form von Videos.

Wenn das die Zukunft ist, wird die Hundehaltung ein teurer Spaß, und nur noch gut Betuchte oder ganz Arme, die immer zuhause sind und alles selbst erledigen, können sich einen schwanzwedelnden Freund erlauben.

Aber auch für die auf Treibsand lebende Mittelschicht

gibt es längst Lösungen. *Dogsharing* heißt das Schlagwort: Nicht mehr ein, sondern zwei Besitzer halten einen Hund, und wechseln einander in der Betreuung ab. Meist haben sie sich im Internet gefunden.

Ob ein Hund gern mit zwei Haltern in zwei verschiedenen Umgebungen lebt, kann man ja schon mit kühlem Kopf anzweifeln. Aber wenn ich hier so sitze, auf mein schlafendes Fellbündel schaue, und mir vorstelle, ich müsste es morgen wieder zu seinem anderen Besitzer bringen – nein – ich brächte es nicht über das heiße Herz.

Wer sich einen Hund mit einem anderen Single teilt, wird der es nicht von vornherein darauf anlegen, einer engen Bindung zu seinem Viech auszuweichen? Würden die rhythmischen Trennungen nicht sonst ihn selbst am meisten schmerzen? Und wie kriegt man das hin, über mindestens ein Jahrzehnt mit einem Sharingpartner in der Hundeerziehung einer Meinung zu sein?

Es ist eine Nicht-Fisch-Nicht-Fleisch-Lösung, die man nur in einem Fall begeistert begrüßen kann, nämlich, wenn ein einsamer Hundefreund sich regelmäßig einen Vierbeiner aus dem Tierheim ausleiht. Dort werden Teilzeit-Gassigeher dringend gebraucht!

Ein bisschen wankelmütig bin ich angesichts der Tatsache, dass es auch schon Agenturen für ältere Hunde gibt, die an Senioren vermittelt werden. Mit Rücknahmegarantie im Todesfall des gebrechlichen Halters! So sehr die neue Verantwortung einen Greis wieder aufleben lassen kann, so wenig gefällt mir die Frage, durch wie viele faltige Hände so ein alter Hund gegangen sein mag, bis er selbst irgendwo seinen Frieden findet.

Aber der Markt muss bedient werden, und die Züchter bleiben auch nicht untätig. Gewiss wird schon irgendwo in einem edlen Zwinger an einem Hund gebastelt, der einen Aus-Knopf hat, so dass man ihn in die Ecke stellen kann, wenn man ihn nicht braucht. Oder es ist schon eine Genmutation in Arbeit, die zwei oder mehr Herzen hat. Die müssen dem Hund dann nicht alle bluten, wenn er zum dritten Mal in einer Woche den Besitzer wechselt.

Am wahrscheinlichsten ist, dass ein weltweit agierender Internetkonzern in einer geheimen Werkstatt bereits den Prototyp eines vierbeinigen Roboters mit Echtfell stehen hat, ausgerüstet mit Navigationssystem, so dass man ihn alleine Gassi gehen schicken kann. Seine Augen übertragen dann laufend die Welt, die er erkundet, auf das Smartphone seines anderweitig beschäftigten Besitzers.

TEIL 2 –
WEITERE HUNDEHALTER-TYPEN

Hundehalter Typ 2 – Der Selbstoptimierer

Der modernste unter den Hundehalter-Typen ist der Selbstoptimierer. Er trägt beim Joggen einen Minicomputer am Arm, der ihm ständig Schrittzahl, Tempo, zurückgelegte Strecke meldet. Läuft er nicht, so ernährt er sich gluten-, blut- und laktosefrei, duscht vegan und probiert Lebensweisen aus.

Yoga, Achtsamkeit, Pilgerwege, das hat er alles schon durch. Jetzt besucht er einen Hundekurs nach dem anderen, und lernt, dass nicht sein Hund, sondern er selbst schuld ist, wenn das Tier nicht pariert. Deshalb wird er auch nie wütend, wenn es partout nicht »Platz« macht, sondern einem keckernden Eichhörnchen nachschnüffeln will. Mit bewunderungswürdiger, vorbildlicher, freundlicher Nachdrücklichkeit besteht Herrchen auf die Ausführung seines Befehls, bis der Hund sich schließlich beugt, während das Eichhörnchen einen Baum hochzischt.

Der gemeine Hundehalter ist von der Darbietung beeindruckt, gleichzeitig weht ihn eine gewisse verbissene Unnatürlichkeit an.

Der Hund des Selbstoptimierers kriegt von frühester Kindheit an Befehle eingetrichtert und zwar auf Englisch, damit sich sein Gehirn optimal entwickelt. Schweinkram darf er nicht fressen, und niemals ein Leckerli aus fremder Hand! Meistens wird er gebarft und schlabbert selbstgequirlte Smoothies wie sein Herrchen. Oder der serviert ihm das teuerste Fertigfutter auf dem Markt, welches von regionalen Bauernhöfen stammt und von einem 5-Sterne-Koch zubereitet wurde.

Dieser bestens ernährte Hund muss funktionieren wie eine Nähmaschine. Rechts-Links-Lauf, vor, zurück und Halt, Slalomschritt und wieder Halt.

Kein Hundehalter ist zum Beispiel erfreut, wenn sich sein Vierbeiner in einem verwesenden Maulwurf wälzt, er rennt schnell hin und ruft währenddessen »Nein! Nein! Nein!« Der Vierbeiner des Selbstoptimierers schafft es leider nie, sich doch noch in den betörenden Geruch zu schmeißen. Er muss davor bremsen, sich hinsetzen und warten, bis Herrchen kommt. Und dann wird er weggeführt.

Weil innere Unruhe schädlich für den Blutdruck ist, gibt sich der selbstoptimierende Hundehalter zu jedem freundlich, auch zu seinem Hund. Er weiß, dass das Tier zur Verbesserung der Beziehung »Kontaktliegen« braucht, also die entspannte Körpernähe zu seinem Rudelführer. Das bietet er ihm: Täglich abends während der Nachrichten darf sein Hund mit auf das Sofa – aber nur genau dort, wo seine Hundedecke liegt. Ragt auch bloß eine Pfote darüber hinaus, muss der ganze Hund noch einmal aufstehen und sich »richtig« hinlegen.

Während im Fernsehen Krieg und Frieden beleuchtet werden, streichelt der Selbstoptimierer sein Haustier, und zwar so planmäßig, wie er es in einem Kurs gelernt hat: Brust kraulen, Wirbelsäule entlang massieren, Ohren sanft kneten. Dazu gibt er hohe Töne von sich, denn das mögen Hunde ja.

Sein Vierbeiner klopft mit dem Schwanz auf die Decke, wirkt halb erfreut, halb unsicher und drängt höflich-unauffällig weg.

Der Selbstoptimierer interpretiert das als demütige Ergebenheit, und so soll es ja laut Anleitung ja auch sein. Dann atmet er tief aus, um in sich »ruhige Bestimmtheit« zu erzeugen und schickt den Hund vom Sofa runter auf dessen Platz, wo dieser sich erleichtert seufzend zusammenrollt.

Dabei trägt er ein superschlichtes, superteures, farblich passendes Lederhalsband und ist so gepflegt wie Herrchen. Kein Haar steht hervor, kein Zahnstein leuchtet gelb, keine Kralle ist zu lang, Fell und Augen glänzen.

Und – siehe da – der Hund ist zwar kastriert, lässt aber stolz dicke Hoden schaukeln. Der Kenner nennt sie »Neuticles«, es gibt sie in verschiedenen Größen, sie werden in Amerika hergestellt. Laut Hersteller helfen sie dem Tier, das Kastrationstrauma zu überwinden und das Selbstbewusstsein wiederherzustellen. Ja, das glaubt der Selbstoptimierer gern, zumal er selbst schon ein Knochenimplantat im Kinn trägt, mit dem er einen Hauch energetischer wirken möchte.

Wenn der Selbstoptimierer und sein Tier am Ufer

eines Flusses joggen, reißt jede Frau gern die Kamera hoch, denn hier kommt doch das Idealbild eines sportlichen Rudelführers angerannt, gefolgt von einem atlethischen Hund. Doch wer mit diesem Typ Hundehalter anbändelt, der betritt vielleicht bald dessen klinisch saubere Wohnung und muss ertragen, dass der Selbstoptimierer die Sofakissen geraderückt, die die Frau vielleicht eben romantisch zerdrückt hat, und dass es nur sauren Biowein zu trinken gibt, und auch nicht mehr als einen halben Liter.

Der Hund muss während dieser Begegnung stocksteif auf seinem Platz liegen bleiben, obwohl die Frau ihn gern streicheln möchte.

Da es schlicht und einfach keine Menschen gibt, die nur gut und perfekt sind, hat auch der Selbstoptimierer seine Schmuddelecke, die er vor anderen verbirgt und manchmal sogar vor sich selbst. So eine Schmuddelecke kann eine überschießende Gier auf eine doppelte Portion Pommes mit Mayo sein, oder ein weit vom Durchschnitt abweichendes Sexualverhalten.

Der Hund aber, der muss bis an sein Lebensende total sauber bleiben!

Hundehalter Typ 3 – Der Ängstliche

Warum bloß schaffen sich ängstliche Menschen Hunde an, wenn sich damit das Aufkommen von Schweißausbrüchen und Herzattacken in ihrem Leben noch erhöht? Sie können sich ja nicht einmal an einem Welpen erfreuen, weil sie befürchten, ihm beim Spielen versehentlich die zarten Knochen zu brechen. Nur zögerlich greifen sie nach ihm, und der Hund lernt nie eine feste Hand kennen.

Realistische Selbsteinschätzung und erträumtes Eigenbild klaffen ja bei vielen Menschen auseinander, ich schließe mich da nicht aus. Ein besonders krasses Beispiel traf ich allerdings kürzlich auf den Feldern. Ein mittelalter Mann führte einen etwa neun Wochen alten Rhodesian Ridgeback an der Leine. Der wollte die Welt entdecken und stolperte stattdessen in seinem eingeschränkten Radius hin und her.

»Warum machen Sie ihn nicht los?« fragte ich und freute mich schon zu sehen, wie das niedliche Welpenkind entzückt auf meine Hündin zustürzen würde.

Doch der Mann zog es sofort zurück und sprach: »Dann läuft er doch weg!«

Soviel Übervorsicht habe ich selten erlebt. Abgesehen davon, dass der Mann bereits viel zu lange mit dem Welpen unterwegs war, wusste er offenbar nicht, dass sich ein derart junges Tier unter keinen Umständen weit von seinem Rudelführer entfernt, denn Alleinsein auf freiem Feld wäre sein sicherer Tod. Diese ersten Lebensmonate sind der ideale Zeitpunkt, um dem Fast-noch-Baby beinahe mühelos das Zurückkommen auf Befehl beizubringen.

Wenn dieses Herrchen jetzt schon nicht darauf vertrauen kann, dass sein Tierchen ihn sucht und braucht, was will er machen, wenn sein Bengel in die Pubertät kommt? Und was, wenn der Ridgeback erwachsen ist, vierzig Kilo wiegt und erhebliche Sprungkraft entwickelt hat?

Sowas kann man einem fremden Menschen auf einem weiten Feld nicht einfach so sagen. Man schweigt also entsetzt.

Der Mann plauderte dann noch darüber, dass er dringend abnehmen müsse, und deswegen der Hund.

Ich habe die beiden nie wieder gesehen und kann nur hoffen, dass es daran liegt, dass der Mann seinen Abnehmhelfer alsbald umgetauscht hat und jetzt ins Fitnessstudio geht. Dass seine Trainingsgeräte weglaufen, muss er dort nicht befürchten.

Ängstliche Frauen entfernen Zecken, die sich in der Haut ihres Lieblings festgebissen haben, nur mit großem Trara und viel Equipment, und wenn sie das Insekt haben, hecheln sie hektisch, bis der Blutsauger in Zellophan gewickelt im Abfall liegt. Und weil ein Hund, wie wir ja alle wissen, die Seelenlage seines Besitzers erspürt und widerspiegelt, zickt dieser während der Operation herum wie eine C-Prominente.

Über kurz oder lang erwarten die beiden voneinander nichts anderes mehr als Erregtheit und steigern sich in einen dauerpanischen Zustand hinein. Wenn dann der Tierarzt so einen Hund entschlossen packt, um routinemäßig seine Ohren zu untersuchen, wundern sich diese Frauchen, wie es möglich ist, dass ihr vierbeiniger Unruheherd ganz still bleibt, und halten den Tierarzt für einen ganz tollen Kerl.

Ängstliche Frauen kaufen immer diese Flexi-Leinen, weil sie damit ihr Tier aus jeder Lebenslage reißen können. Mit diesen elastischen Strippen ist der Hund nie ganz frei und nie ganz angeleint und kann deshalb den Unterschied nicht lernen.

Da auf dieser Art von Leinen immer Zug ist, hängt sie natürlich nicht durch. So halten diese Frauen ihren Arm meist gestreckt, was aus der Entfernung so wirkt, als wollten sie maximalen Abstand zu ihrem Hund wahren. Dieser wiederum lernt, dass er unablässig ziehen muss, um weiterzukommen.

Ängstliche Frauen rufen schon von ganz ganz Weitem: »Meiner ist nervös!«, weshalb ich mein Tier höflich zurückpfeife. Und dann macht das Paar – sie entschuldigend lächelnd – ihr Hund hysterisch kläffend und gegen die Leine springend – einen Riesenbogen um uns herum und hat wieder eine Gelegenheit verpasst, sozialen Austausch zu üben.

Dieser Hund kläfft inzwischen jeden Mülleimer an, und der ängstliche Halter geht inzwischen jedem Mülleimer aus dem Weg. Nicht nur deswegen ist sein Gassigang ein Slalomlauf mit ständigen Stopps und Richtungswechseln. Ausweichen, entfernen, flüchten, so lauten seine Impulse. Und der Hund zittert wie ein Presslufthammer, denn er hat längst verinnerlicht, dass die Welt ein gefährlicher Dschungel ist, und ihn niemand schützen kann, außer er sich selbst. Und dass er seinen Menschen noch mit verteidigen muss.

Beide sind froh, wenn sie wieder in der sicheren Wohnung angelangt sind. Doch allzu sicher kann sie für den Hund nicht sein: Er legt sich nicht hin, sondern folgt Frauchen von Zimmer zu Zimmer, bis sie sich endlich irgendwo niederlässt, und er zur Ruhe findet. Nur weggehen darf sie halt nicht, und deswegen bleibt sie so lange sitzen, bis der Hund sich ausgeschlafen hat.

Aber auch jetzt zuckt der Hund bei jedem Geräusch von draußen zusammen und stimmt ein überdrehtes Kampfbellen an, bis er vor Erschöpfung nicht mehr kann. Der ängstliche Halter hört das schon lange nicht mehr, die Nachbarn umso besser.

Hundehalter Typ 4 – Der Brutale

Eigentlich sollte es selbstverständlich sein, dass es einen Unterschied gibt zwischen guter Führung und Unterdrückung eines Hundes, womöglich mit Gewalt. Doch die Grenzen können fließen, und die Selbstbeherrschung eines Hundehalters ist mal mehr, mal weniger groß.

Meine war einmal total am Ende. Als Welpe spielte mein Hund seit einer halben Stunde verrückt und war mit keinem Mittel zu beruhigen. Und dann klingelte es gleichzeitig am Telefon und an der Tür, sodass ich den Welpen entnervt griff, hemmungslos anschrie und im dunklen Klo einsperrte. Fünf lange Minuten, in denen mein Herz wild schlug, aber dann hatte ich mich wieder im Griff, und bin seitdem nie wieder ausgerastet.

Es kann im ganz Kleinen losgehen: Der Hund gibt nicht Pfötchen, obwohl er es eigentlich kann. Zuerst fordert Herrchen die Ausführung noch fröhlich ein, dann streng, dann laut, zuletzt laut und drohend. Eine Reihe von Hundehaltern merkt gar nicht mehr, welchen bösen Befehlston sie inzwischen gewohnheitsmäßig anschlägt. Der Hund dagegen spürt ihn auf allen Haarspitzen.

Und wenn so ein Herrchen seine Wut nicht zügeln kann, dann steigert er sich weiter hinein wie der junge

Mann neulich, dessen Labrador neugierig meiner Hündin nachschnüffelte und partout nicht zurückkehren wollte. Immer zorniger schrie der Mann den Namen seines Hundes, kam dann herbeigeeilt, ohne mich eines Blickes zu würdigen, legte seinen Labrador auf die Seite, um ihn zu dominieren, und stellte sich über ihn. Aber das reichte ihm nicht. Er schlug zu. Auf den liegenden Hund. Der krümmte und duckte sich, wedelte wie irre mit dem gleichzeitig eingezogenen Schwanz.

Ich wich erschrocken zurück. »Sind Sie verrückt?«

Dann entfernte ich mich mit Schmerzen im Herzen. Doch solche Leute kann man auf offener Straße nicht bekehren, und die misshandelte Kreatur würde von mir nicht gerettet werden können.

Dieser Mann mochte früher einmal guten Willens gewesen sein. Aber irgendwie hat seine Hundeerziehung wohl nicht geklappt, und jetzt schlug er aus hilfloser Wut zu. Möglicherweise tat ihm seine Schlägerei später sogar Leid, und er war dann besonders nett zu seinem Hund. Bis zum nächsten Vorfall. Und die Hemmschwelle sinkt mit jedem Mal weiter.

Gar kein Mitgefühl mehr mit seinem Vierbeiner hatte ein anderer, leider sehr typisch brutal aussehender, dickbäuchiger Rentner. Er versuchte, am Strand eines Hundeauslaufgebietes mit seinem Schäferhund zu spielen. Zu diesem Zweck hielt er ihm einen armdicken, langen Stock hin und tat, als wolle er zuschlagen. Der Hund sollte nun den Stock mit den Zähnen ergreifen und mit seinem Herrchen herumzerren, aber das Tier stand mit eingezogenem Schwanz da und wollte nicht. Da attackierte er seinen vierbeinigen Freund, stach ihn in die Flanke, zischte böse Worte und zwang dem Hund den Stock zwischen die Zähne, zwang ihn, zu knurren.

Und als der Schäferhund später wegspazieren wollte, hin zu den anderen Hunden, die am Strand entlang tobten, warf ihm der Grobian diesen schweren Stock nach und verfehlte ihn nur knapp.

»Harro!« grölte er, und sein Hund schlich zu ihm zurück. Alle anderen Hundebesitzer am Strand wechselten Blicke, aber in die Nähe dieses Kerls wagte sich keiner.

Für ein Rudeltier muss es sich schrecklich anfühlen, von seinem Herrchen dauerhaft bedroht zu sein.

Ich weiß nicht, was solche Menschen wollen (es gibt ja auch Frauen!): Einen unterwürfigen, demütigen, angstvollen Hund als treuesten Begleiter? Sind sie auf ihre billige Macht stolz? Können sie sich überhaupt nicht vorstellen, dass ein Lebewesen sie freiwillig lieben würde und ihnen gerne folgt?

Man mag sich nicht ausmalen, was Hunde sonst noch erleiden, hinter Wohnungsmauern, im tiefsten Privaten eines brutalen Besitzers, der das, was er sich in der Menschenwelt nicht erlauben kann, an seinem wehrlosen Vierbeiner austobt. Und am Abend, wenn der Fernseher eingeschaltet wird, soll sich so ein Hund dann zu Füßen des Besitzers legen und ihm die Zehen lecken.

Es gibt ja leider noch eine Steigerung dieses Typs. Ich erwähne diese verachtenswerten Menschen hier nur der Vollständigkeit halber. Es sind die Sadisten, die sich einen Hund zulegen, um ihn absichtlich und planvoll zu quälen. Ihnen fehlt selbst dieses letzte Quäntchen Menschlichkeit, die zügellose Wut. Sie inszenieren und genießen das Leid ihnen ausgelieferter Wesen. In Einzelheiten will ich nicht gehen, weil ich solche Bilder in meinem Kopf nicht haben möchte.

Wie weit sich diese abartigen Leute vom Hundehalter-Durchschnitts-Charakter entfernt haben, ist mir jedenfalls klar, seit ich in die angstvoll geweiteten Augen meines Welpen blickte, als ich ihn aus dem dunklen Klo befreite. Der Schmerz darüber, dass er sich so fühlte, durchstach meinen ganzen Körper. Und dann krabbelte das dickliche Tierchen auf noch auf mich zu und wollte schmusen.

Wer sich dann nicht über seine eigene Unbeherrschtheit unendlich schämt und sie nie wieder ausbrechen lässt, den möchte ich nicht in meinem Adressbuch stehen haben.

Hundehalter Typ 5 – Das Mutti

Dieser Typ ist zu neunzig Prozent weiblich. Es gibt ihn von jung bis alt. Er schafft sich eigentlich keinen Hund an, sondern ein Kindchen. Deswegen sind die Haustiere von Muttis auch winzig klein. Sie gehören zur Sparte »Gesellschaftshunde«, sind besonders anhänglich, und weil sie häufig nicht gerade viel Intelligenz aufbringen, fordern sie wenig Bewegung und Beschäftigung, lassen sich prima unter dem Arm oder in einer Tasche tragen.

Die Züchter trachten danach, Gesellschaftshunde mit möglichst großen, dunklen Augen zu erzeugen, um Konrad Lorenzens Kindchenschema und damit den Wünschen den Marktes gerecht zu werden. Sie sollen weiches, plüschiges Fell haben – meistens hell.

Es kommt wohl auch nicht von ungefähr, dass Gesellschaftshunde meist intensiver Haarpflege bedürfen. Das ist es ja, was Mutti sich wünscht: Kämmen, bürsten, Hundchen womöglich jeden Tag baden, und ihm die Krallen lackieren. Und wenn Mutti ein Weibchen ausgewählt hat, dann lässt sie es gern noch vor der ersten Läufigkeit kastrieren, damit es sein verspieltes Wesen behält.

Es ist nichts dagegen zu sagen, dass sich Frauen ein Tierchen zulegen, um nicht allein zu sein, oder um es hätscheln zu können wie ein Baby, das niemals erwachsen wird. Aber dieser vierbeinige Kuschel-Trost ist immer noch ein Hund, und leider wird das von vielen Muttis total vergessen.

Vielleicht liegt es an der übergroßen Nähe: Das Hundchen liegt immer im Arm, schläft mit im Bett, ist womöglich auch das Lebewesen, mit dem sich Mutti am meisten unterhält. Sie würde bestreiten, dass Hundchen nicht antwortet – weiß doch bei jedem Gesichtsausdruck, jedem Bellerchen, jedem Schwänzchenwackeln genau, was es sagen will. Hundchen hat sogar eine Meinung zu ihrem Kleid. Wenn es ihm nicht gefällt, dann legt es ganz niedlich seine Pfötchen über die Augen.

Dass Hundchen viel herumgetragen wird, hatten wir ja schon erwähnt. Mutti bedenkt aber nicht, dass sich ein derart zuvorkommend behandeltes Tier über kurz oder lang wie ein Pascha fühlt und sich auch so aufführt. Es fordert alles bellend ein, in kreischend hohen Tönen. Und weil es aus seinem piccobello-Wohnungsparadies mit den vielen Kissen nur zum Pieseln getragen wird und kaum jemals überhaupt die andere Straßenseite zu Gesicht bekommt, sind sämtliche anderen Hunde für ihn selten auftauchende, supergefährliche Feinde. Vor denen er als Chef vom Ganzen seine Mutti natürlich heldenhaft verteidigen muss.

Diese widerum reißt Hundchen gleich hoch, damit es nicht gefressen wird. So schwebt es weit entfernt vom

Bürgersteigboden, kläfft, was seine kleine Lunge hergibt, und ist doch der Größte.

Zuhause gibt es dann Leberpastete zur Beruhigung, etwas anderes nimmt Hundchen ja nicht. »Esiescht halt ein Leckermaul!« gurrte die überaus beleibte, französische Türdame eines Travestielokals, die zuhause nur in weiten, geblümten Kitteln herumlief, ihren Yorkshireterrier auf der wogenden Brust, von der er niemals herunterrutschte. Gelegentlich leckte er ihr Doppelkinn, und Küsschen tauschten die beiden ständig.

Es war ihr fünftes Hundchen. Die anderen vier lagen alle im Garten begraben, jeweils mit einem halben, silberfarben besprühten Autoreifen dekoriert, aus dem Geranien wucherten. Aus diesem Garten waren die Hundchen zeitlebens nicht herausgekommen, nur einer entwischte einmal und wurde prompt überfahren.

Von jedem ihrer Tiere hatte Madame professionelle Fotos machen lassen, weich fließende, rosa-schimmernde Fotos mit goldenen Schnörkelrahmen. Natürlich trugen alle ihre Yorkshireterrier eine Schleife auf dem Kopf.

Es gibt eine andere Dame, sehr dürr, recht wohlhabend, die hatte einen kleinen weißen Puschel. Sein Name? »Chanel«! Diese dunkelbraungebrannte Dame gab sich mit Schleifchen nicht ab. Ihr Puschel besaß einen ganzen Kleiderschrank, mit Schottenröckchen und Ballett-Trikots. Und wenn sie ausging, trug Hundchen stets ein zu ihrer eigenen Aufmachung passendes

Outfit. Die Edelmarkennamen prangten in Übergröße auf allen Teilen.

Leider war diese Dame häufiger schon am Tage betrunken, und deshalb sprach die bodenständige Nachbarin: »Gib den Hund her, Du kannst in diesem Zustand nicht Gassi gehen. Du schwankst, und dann trittst Du noch drauf!«

Und so kam das Tierchen zu richtig schönen Hundespaziergängen, ganz natürlich, ohne Kleidchen, denn darauf hatte die Nachbarin bestanden. Diese genierte sich nur, wenn sie Hundchens Namen durch den Park rufen musste.

Alle Muttis von heute stehen in einer langen Tradition. Schon vor Jahrhunderten hielten sich edle Damen der Oberschicht Schoßhündchen, die ausschließlich dem Verhätscheln dienten. Auf zahlreichen Portraits solcher Damen in Öl sind sie mit von der Party. Schon in der »Ausführlichen Geschichte der Hunde« von Johann Georg Friedrich Franz wird 1781 der Gesellschaftshund als sehr anhänglich beschrieben.

Dieses extreme Nähebedürfnis muss Mutti allerdings lange aushalten, denn Kleinhunde werden locker sechzehn Jahre alt. Nur manchmal passt da noch ein Mann dazwischen.

Hundehalter Typ 6 – Der Retter

Meine Cousine hat einen Hund aus Rumänien, natürlich aus einer Tötungsstation. Die Familie fuhr mehrere hundert Kilometer, um den Mischling vom Flughafen abzuholen. Er erwies sich als absolut menschenscheu und musste durch diese erste Fahrt seines Lebens in Käfig, Flugzeug, schaukelnden Autos zusätzlich ein schweres Trauma davongetragen haben. Er hatte diese Reise ja nicht einmal inmitten eines vertrauten Rudels angetreten, sondern ganz allein unter fremden, beängstigenden Menschen und in riesigen, röhrenden Maschinen.

Mehrere Tage kam er nicht unter dem Sofa hervor. Damit er draußen sein Geschäft verrichtete, musste die Terrassentür geöffnet werden. Die ganze Familie ging dann in den ersten Stock hoch und wartete, bis der neue Mitbewohner sich im Garten erleichtert und wieder unter das Sofa gekrochen war. Noch jetzt, nach Jahren der Geduld und unaufdringlicher Liebe darf man diesen Hund nicht direkt anschauen, er rennt sofort weg.

Es ist sicher Geschmackssache, welche Art von Hund man sich wünscht, aber es wundert mich doch, wie viele Leute großen Aufwand betreiben, um sich ein verhaltensgestörtes oder krankes Tier in ihren Alltag zu holen. Zudem könnten sie das gleiche im städtischen Tierheim um die Ecke viel einfacher haben. Möglicherweise ist ihnen diese Rettung aber nicht dramatisch genug. Einem Hund aus ausländischen Tötungsstationen unter schwierigen Umständen das Leben geschenkt zu haben – *das* ist doch eine Erzählung! Dafür kann man sich noch jahrelang loben lassen, jedesmal, wenn der Vierbeiner zuschnappt und man eine Entschuldigung benötigt.

Andere Leute scheinen ein dreibeiniges, blindes oder verängstigtes Tier zu brauchen, damit sie es lieben können. Sie suchen sich zielsicher die schwächsten eines Wurfes oder die kümmerlichsten aus dem Tierheim aus, und nehmen bewusst alle Nachteile in Kauf.

Ich bewundere das, aber es schaudert mich auch, wenn ich sehe, wie eine junge Frau mit einem Berner Sennenhund spazierengeht, der schon als Welpe Hüftprobleme hatte und jetzt läuft wie ein torkelndes Schiff. Die Zukunft ist absehbar und wird teuer. Eines Tages wird sie ihn in einer Schubkarre durch den Park fahren müssen, damit er seinen Auslauf hat. Oder sie verkauft ihr Auto für zahllose, qualvolle Operationen.

Vielleicht ist das weiche Herz aber nur auf die tränentriefenden Texte in den Internet-Kleinanzeigen hereingefallen, die von zahlreichen Hunderettungs-Kleinstvereinen verfasst werden. Die Tiere, die sie über die Grenzen holen, sind in den Anzeigen immer aufgeweckte Kerlchen, liebe Weibchen, verspielte Junghunde, denen unendliches Leid widerfahren ist. Doch welches Problem man sich ins Haus einlädt, sieht man dem niedlichen Mischlingspuschel mit den dunklen Augen vorerst nicht an.

Und die Rettungsvereine? Ihre Verantwortung im Namen des Tierschutzes sollten sie eigentlich besonders ernst nehmen und für viele trifft das ohne Umschweife zu. Doch allzu oft endet diese Verantwortung mit der Entgegennahme der Schutzgebühr von einem frischgebackenen Halter. Über die seelischen Defizite und zukünftigen Probleme mit dem geretteten Hund, über dessen Prägung in der Welpenzeit man rein gar nichts weiß, kann der Halter nicht umfassend aufgeklärt worden sein.

Wäre dies so, dann hätten die Retter mit Sicherheit sehr viel weniger Abnehmer. Denn es gibt einfach nicht irre viele Hundefreunde in Deutschland, die eine Trainerausbildung haben, und die wird man brauchen, wenn der Hund die Familie bei jeder Gelegenheit anknurrt. Manche Fehlprägung ist überhaupt nicht wieder gut zu machen.

Viele dieser Tiere landen über quälende Umwege wieder im Tierheim – einem deutschen diesmal, das so gut und ordentlich geführt wird, wie die Finanzen es zulassen und es in der Regel in unserem Lande üblich ist. Ehrenamtliche Helfer dürfen sich dort mit Kusshand engagieren, unter Aufsicht von nüchternem, sachlichen Fachpersonal. Doch auf diesen Gedanken kommen die privat organisierten Laien-Retter nicht. Ihnen ist kein Tierheim gut genug. Sie allein sind die wahren

Schutzengel, die deutschen Einrichtungen doch nur gefliese Tierverwahrer.

Sie halten ihre Arbeit für besser, weil ihre Gefühle überschwänglicher sind, und weil sie ihr ganzes Privatleben und oft auch ihre Habe einsetzen. Dieses Herzblut-Distanzlosigkeit macht sie moralisch überlegen und berechtigt sie zu jeder Kritik. Sie wollen nicht darüber nachdenken, ob sie nicht zu den Großlieferanten der hiesigen überfüllten Tierheime zählen. Diese Art von Rettern bewegt sich mit Vorliebe in Kreisen, in denen sie sich gegenseitig bestärken, und da hat die Vernunft schlechte Karten.

Ein Extremfall der Distanzlosigkeit zum eigenen Rettertum ist der Hundemessi, es gibt ihn auch in Katzenform. Diese bedauernswerten Menschen hatten bestimmt einmal nur einen Hund, aber dann bekam dieser Junge. Oder anderswo war ein Yorkshire dringend abzugeben, oder, oder, oder. Jedenfalls halten sie jetzt zehn bis zwanzig oder dreißig Tiere und haben längst aufgegeben, gegen die Verwahrlosung von Mensch, Hund und Hof anzukämpfen. Hier braucht vor allem der Mensch dringend einen Retter.

Hundehalter Typ 7 – Der Esoteriker

Wussten Sie, dass der Hund ein »Krafttier« ist? Mit ihm nehmen Sie »Kontakt zum Schöpfer, dem Großen Geist auf, teilen sein Wissen und seine heilige Kraft«, so schreiben es moderne Schamanen ins Internet.

Und die Esoteriker glauben ihnen sogar, dass dieses Krafttier den Auftrag hat, sie so lange zu begleiten, bis sie eine Aufgabe gelöst haben, geschützt sind oder geheilt wurden. Da schafft man sich doch am Besten eine Dogge an: Deren Lebenserwartung ist mit sechs bis acht Jahren um die Hälfte kürzer als die eines Yorkshireterriers. So geht es mit der Heilung gleich viel schneller.

Eine lange Lebensdauer des Hundes wäre wiederum wünschenswert, wenn man anderen Esoteriker Glauben schenkt, die behaupten, dass das Tier die Krankheiten seines Rudelführers übernimmt und außerdem die Energie für ihn balanciert.

Welche Energie meinen sie genau?

Und zweitens: Sollte es tatsächlich so sein, dass der Hund Akne, Rheuma und Lungenkrebs seines Frauchen schultert, müsste man dann nicht schon seine Anschaffung als Tierquälerei betrachten?

Ein Disput über ein derart menschenzentriertes, »feinstoffliches« Weltbild bringt nichts – Esoteriker lassen sich nicht von wissenschaftlichen Wirklichkeiten überzeugen. Kichern kann man ja immer noch hinter vorgehaltener Hand.

Dem Hund jedenfalls sind solche Ansichten seines Frauchens (denn um die handelt es sich weit überwiegend) in jedem Fall egal, er merkt ja nichts davon.

Leider ändert sich das, wenn der Esoteriker grundsätzlich gegen Impfungen ist, diese segensreichen, durch jahrzehntelange Forschung hervorgebrachten Arzneien, welche schon unzählige Mensch- und Tierleben gerettet haben. Und wenn er noch Röntgen, Zeckenmittel und Medikamente ablehnt, wird sein Hund dieses medizinische Misstrauen böse büßen müssen: Das Tier könnte schon vor Schmerzen jaulen – der Esoteriker ginge mit ihm trotzdem nicht zum Veterinärarzt, sondern machte lieber einen Termin bei einem Heiler oder Homöopathen, was auf den gleichen Hokuspokus hinausläuft.

Ausnahmsweise sind die Österreicher hier schon einen Schritt weiter. Hier wirkt ein »staatlich anerkannter Tierverhaltensenergetiker«, der mit Worten, Musik, sanfter Massage, Bachblüten und Heilkräutern den »inneren Seelenarzt« des Hundes aktivieren möchte. Nebenbei werden auch noch Balance und Harmonie mit dem Besitzer wiederhergestellt. (Die staatliche Anerkennung, mit der dieser viel versprechende Herr für sich wirbt, besteht übrigens lediglich aus einer erfolgreichen Gewerbeanmeldung.)

Ein gewisser Placebo-Effekt beim Menschen mag ja durch Suggestion möglich sein. Doch der leidende

Hund? Der glaubt an nix und wird davon folglich auch nicht gesunden.

Aber vielleicht sein esoterischer Mensch! Denn sein »Krafttier« ist ja wie oben beschrieben die beste Medizin für seine eigenen eingebildeten Aura-oder-Chakra-Krankheiten. So wie die Traumfänger, die er in alle Fenster hängt, um die bösen Geister abzuhalten. Nur dass diese befederten Drahtgestelle halt aus der Mode gekommen sind. Aber das Haustier als esoterische Krücke des Menschen ist groß im Kommen.

Angesichts der Bedeutungslast, die dem Hund von seinem Besitzer aufgeladen wird, dürfte ihm alles absichtslose Spielen und Toben fast vergehen.

Ach ja, kommunizieren will der Esoteriker mit seinem Hund natürlich auch. Dazu braucht er ebenfalls Heiler-Hilfe, zum Beispiel von Herrn J., der sein Zuhause für eine Unterhaltung mit dem Hund des Esoterikers nicht verlassen muss.

Er braucht sich nur das Foto des Tieres anzuschauen: »In den meisten Fällen kommt sofort Information, die das Tier von sich aus übermittelt.« Das macht er dann ein paar Tage, und wenn der Hund »Vertrauen aufgebaut hat«, kann er ihm sogar Fragen stellen und kriegt Antworten. Kostet 65 Euro, und ein ausführliches Gesprächsprotokoll wird zugeschickt.

Auf Hochdeutsch?

In einschlägigen Foren kann man schließlich Geschichten wie diese lesen:

Ein zwölfjähriger Hund kommt wegen Atemproblemen zum Tierarzt. Dieser will Herz-Medikamente verschreiben, »doch das wollte mein Hund nicht, ich hab ihn dazu befragt«, schreibt seine Besitzerin. Also geht die Dame mit ihm zu einem alternativen Tierarzt. Dessen Diagnose lautet: Der Hund habe vor zehn Jahren ein traumatisches Erlebnis gehabt, welches eine Blockade in ihm ausgelöst habe. Diese wird vom Tierarzt jetzt energetisch beseitigt. Was er genau gemacht hat, interessiert die Dame nicht.

Besser ist es dem Tier danach jedenfalls nicht gegangen. »Ich muss mich wohl einfach etwas gedulden. Was fast zehn Jahre blockiert war, wird nicht in einer Woche wieder gut«, schreibt sie in einem weiteren Forumsbeitrag. Zwei Monate später war das Tier tot.

Seitdem ich das gelesen habe, frage ich mich, ob diese Esoterikerin die Probleme ihres nach Luft ringenden Hundes bis zuletzt geduldig ausgesessen hat.

Eine »sachliche« Diskussion möchte sie darüber jedenfalls nicht führen, steht in ihrer letzten Botschaft. Wahrscheinlich hat sie sich den qualvollen Hundetod so schön geredet, wie die Schamanen es lehren: Die Aufgabe des Hundes, seine Besitzerin zu heilen oder zu erlösen, war erfüllt.

ZULETZT

Liebeserklärung

Ich bin leicht manipulierbar: Sagen Sie mir, wie hübsch meine Hündin ist und was für einen charmanten Charakter sie hat, dann sind Sie schon mein Freund. Ähnlich flink dürfte das bei anderen Hundebesitzern funktionieren.

Manchmal versuche ich, in Emmas Augen zu lesen, ob sie mich liebt oder nur braucht. Dass ich ihr Rudelführer bin, hat sie sich schließlich nicht ausgesucht, und sie könnte ja meinen, sie hätte die größte Niete gezogen. Weil sie mir nicht einfach kündigen kann, ist es nur fair, dass ich bestens für ihr Wohlergehen sorge – obwohl es ihr wahrscheinlich nicht passt, dass sie nie an meinem Käseteller schnuppern darf.

Mit keinem Menschen, selbst mit meinem Liebsten nicht, verbringe ich so viel Zeit wie mit ihr. Am meisten liebe ich sie, wenn wir abends auf dem Sofa herumlungern, ihr warmer Körper sich an mich heranrobbt, ihre Schnauze sich unter die Wolldecke drängelt, ihr Kopf schwer auf meinem Oberschenkel liegt, und ich durch ihr weiches, glattes Fell fühle, wieviel schneller ihr Herz schlägt als meines. Sehr gern zerknautsche ich ihre Schlappohren, und sie lässt sich meine Grabbeleien im Halbschlaf gefallen.

Auf nichts ruht mein Auge so oft wie auf meiner

Hündin, denn ich muss ja dauernd gucken, wo sie ist. Besonders gern schaue ich ihr zu, wenn sie sich an ihren vierbeinigen Freund anschleicht, den wir täglich treffen. Sie versteckt sich dann halb hinter einem Baum, verfällt in einen Kriechgang und klappt ihre Ohren auf, die dann wie große, umgekehrte Dreiecke rechts und links vom Kopf baumeln, ungefähr so wie bei einem afrikanischen Elefant.

Stumm wird der Raufkumpan fixiert, der an einem Abfalleimer schnüffelt. Plötzlich fällt Emma ihn an, als wäre er die beste Beute, die sie im Leben je auf's Korn genommen hat.

Der Raufkumpan springt ihr entgegen und beide sausen Seite an Seite querfeldein, so schnell, so elegant und so begeistert, als hätten sie dasselbe nicht schon gestern getan und vorgestern. Und dann beißt meine Hündin ihrem Freund in die Backe und macht dabei ihr Zickengesicht. Sie sperrt die Augen kugelrund auf, zieht ihr Gesicht in tausend kleine Ärger-Falten, unter den hochgezogenen Lefzen erscheinen zwei Reihen weißer Zahnspitzen. Und ihr Freund, nicht faul, zerrt sie aus Rache am Halsband zu Boden, bis ihre langen Beine in der Luft strampeln.

Ich schaue sie auch gerne an, wenn sie auf dem Rasen liegt wie eine Sphinx, die Nase hoch in einem leichten Wind schnuppernd, wachsam und schläfrig zugleich. Eigentlich schaue ich sie immer gerne an.

»Es ist dieses Unverstellte, durch keinen Hintergedanken Getrübte«, versucht mein Liebster das Wesen zu beschreiben, das ihn aus der Bahn wirft, wenn er abends schlecht gelaunt heimkehrt, nach einem Arbeitstag, in dem er mit Hintergedanken und Verstellung genug zu tun hatte.

Mag Emma noch so tief geschlafen haben – sie steht auf, schüttelt sich, sucht hektisch nach einem Spielzeug und steht damit an der Tür, während ihr Schwanz wie ein Propeller routiert. Und mein Liebster kann sich gerade noch die Schuhe ausziehen, aber dann muss er ran: Eine Runde durch das Wohnzimmer toben, der Hund knurrt selig, der Mann gerät außer Puste, und sein Arbeitstag verblasst.

Er hat nicht Recht damit, dass Emma keine Hintergedanken hat, aber auch das gefällt mir an ihr. Sie weiß genau, dass sie mich mit Sympathiebekundungen erweichen kann, und gelegentlich lasse ich ihr das auch durchgehen, weil es mich glücklich macht.

Zum Beispiel steigt Emma nicht gern ins Auto. Wenn ich also an der offenen Hinterklappe warte und »Hopp!« rufe, drängt sie sich zwischen meine Beine, als müsse sie mir dringend ihre Liebe bekunden. Aber während ich gerührt ihr wedelndes Hinterteil streichele, scannt sie hinter mir den Parkplatz, ob sich nicht vielleicht doch die Katze des Nachbarn zeigt. So stehen wir dann vor Fahrtantritt manchmal mehrere Minuten still, weil wir das beide mögen.

Hätte mir vor ihrem Einzug jemand klarmachen können, wie stark der Hund meine Freiheit einschränkt – ich wäre zurückgezuckt. Aber jetzt, da mich ihre Existenz in einem geregelten Tagesrhythmus gefangen hält, der mindestens drei Gassigehtermine enthält, ist mir das total egal.

Emma ist noch jung, gerade mal drei Jahre, aber ich kann mir nicht mehr vorstellen, wie das Leben ohne sie war. Sie ist ja immer um mich, und in ihrer Nähe kann man nicht lange missgelaunt sein, schon weil man das ihrer freundlichen, neugierigen Seele nicht antun möchte, die alles aufsaugt, was um sie herum vorgeht. Ihre Augen sind wirklich zum Verlieben.

Bei einer Bekannten ist das jetzt vorbei: Ihre Kessy ist gestern gestorben. Zwölf Jahre hatte sie das ältere Ehepaar begleitet, zuletzt etwas übergewichtig, mit weißem Bart und vorsichtig trippelnd. »Das war jetzt der vierte Hund, ich ertrage es einfach nicht mehr.« Die Trauer der Frau war so tief, dass sie übersprang, und auch mir die Tränen kamen.

Wie weh der Tod eines noch so blinden, tauben oder lahmen Tieres einem Menschen eines Tages tun kann, ist für Außenstehende unmöglich zu ermessen.

Aber ich kann es, und zwar schon in diesem Moment, da Emma sich zwischen mich und die Sofalehne gebohrt hat, ihr Kopf liegt schwer auf meinem linken Arm, so dass ich nicht weiterschreiben kann.